インド仏教思想史

三枝充悳

講談社学術文庫

はしがき

哲学なり思想なりの研究に従事するものにとって、その通史、すなわち哲学史・思想史を書くということは、一つの大きな魅力であり、同時に大冒険でもあります。さらにはまた、故宇井伯壽先生は「仏教思想の研究は仏教思想史の研究である」と、何度もわたくしにお話ししてくださいましたし、ヘーゲルも「哲学史の研究こそ哲学そのものの研究である」といっています。

わたくしの関心は、歴史にはなくて、思想にあります。本書が『インド仏教史』ではなくて、『インド仏教思想史』であることに御注目いただきたいと思います。昨夏以来本書の執筆のために、随分広く多くの書物に眼をとおしました。ようやく本年の始めから原稿用紙に向かいましたが、そのとき大体の要領はできているつもりでした。しかし、わたくしの弱点である中期大乗仏教以降について、どのように書き進めるべきか、とくに唯識《ゆいしき》思想については、宇井伯壽、山口益、結城令聞、上田義文、長尾雅人の諸先生のものや、その他の諸論文を読みながら、筆を進めるのに苦心し、何度か書いてはやめ、結局、渡辺照宏博士の明快な訳文のある『唯識二十論』『唯識三十頌』のテクストそのものに語らせる方法をとりました。そのほか、如来蔵思想、仏教論理学、そして密教について、まずその下書を書きあげ、これが百枚（二三百字換算）あまりになったのを確かめて、いちおうの安心を得てから、本書の最初から書きおろしました。

本書は一種の「入門書」ですので、語句はできるだけ判りやすいものを用い、仏教特有の術語や表現法を避け、それらを用いなければならないときは、思いきっていいかえるか、術語には現代語訳をカッコに入れて補いました。つけたくてしようのなかった註も用いません でした。このような書きかたは、学術論文を書くよりも、苦心が必要でした。判りやすく書いても、いわゆる学問的水準を落とすという意図は、わたくしにはまったくありませんでした。

インド仏教は仏教の源流であり、その思想は仏教思想の中核をなしつつ、中国へ、そして日本その他へと流れて行きます。その流れて行く先々のことも多少は触れておきました。小冊子ながら、仏教の基本思想はもとより、重要な諸思想はのこらず網羅してあるつもりです。とはいえ、枚数の関係で、叙述を省略し短縮した箇所も少なくありません。読者のかたがちょうどこの書物で、インド仏教思想のアウトラインをとらえ、そのなかのある箇所をより深めようとの関心をいだかれることがあれば、筆者の幸甚はこのうえないものがあります。

本書が成るについて、第三文明社のかたがたと、とくに安田理夫君の篤い御後援をいただきました。ここに衷心よりの謝意を表します。

一九七五年五月

三枝充悳

目次

インド仏教思想史

序　章

インド人と歴史と思想史

つねにいわば永遠の相の下に立っていて、個々の事件の移り行きを軽視し、それをなんらかの形でまとめあげて歴史書をつくるということをしなかったインド人は、仏教の場合にも、例外ではない。後述するように、創始者ゴータマ・ブッダの年代についても、大きく分けて三種類あり、もっとも著名な論師であるナーガールジュナ（龍樹）やヴァスバンドゥ（世親）にも、二種類の説がある。したがって、その年代決定は、インド以外のギリシア・中国その他の間接的な諸資料にもとづいて、それらをたよりに順序を立て、そして間接的に思想家や経典・論書をあてはめて行く、という手順をふまざるをえない。

インドの歴史を専門とするひとびとは、その点で困惑するところが多くまた論争もはなやかである。しかしわたくしたち――思想を専門として扱うものは、大雑把にいって、ゴータマ・ブッダが百年新しくても古くても、実のところ、それほど深刻な問題とはならない。それよりも、思想の変遷（発達をふくむ）を見ることができるならば、それをもっていちおう満足する（もとより正確な年代が判明すれば、それにこしたことはない）。

インド思想の特徴

インド思想の特徴を、他の思想と比較して数えあげて行けば、それだけの一冊の本になってしまう。ここには、仏教思想を学ぶものにとって、必要最小限のことを記しておこう。

インドの思想は、いわゆる（ヨーロッパ哲学にいう）哲学と宗教とのあいだに、明確な境界を立てようとしない。一方に、体系を築き論理的な組織に立とうとする哲学的な動きと、他方に、解脱《げだつ》と救済（あわせてさとり）への途を求める宗教的欲求とが、たえず交錯し、ときには表裏している。それはインド哲学、インド宗教一般にいわれることであるけれども、仏教に関してもまた同様のことがいえよう。

仏教の思想史は、他のインド思想にくらべて、比較的ではあるが、宗教に重点をおいた時代、また哲学的関心が高まった時代、あるいはそれぞれの運動がやや明瞭に区分されうるとはいっても、それでもやはり右のインド思想全般の傾向を免れることはできず、以下の叙述で、哲学的な体系について述べる場合にも、必ずそれは解脱と救済（さとり）とまったく無関係なのではなく、また一途にさとりを志向して、それに専念する場合にも、プラジュニャー（般若）と呼ばれる智慧を掲げている。この智慧は、いわゆる分析的な知識とは区別されるけれども、インテレクチュアルな要素を含んでいることは否めない。

インドにはまた、伝統的に、いわゆる思想の自由があった。思想の自由は、思考・言論・

発表・信仰などの自由につながる。どんな異様なものも、ここでは異様でもなんでもなく、珍しくさえない。こうした人間の精神の自由を、インド人は当初から現在に至るまで守り続けてきており、その自由を、他の手段をもって威嚇し弾圧するということは、皆無といってよいほど少ない。すなわち、ここには、ソクラテスが毒杯をあおぎ、イエス・キリストが十字架にかけられ、マホメットがヘジラ（聖遷＝移住）を余儀なくされたというような例、あるいは焚書や禁書、宗教裁判や宗教戦争といったものも、インド人のあいだには、かつて存在しない。政治体制として、ある時代、ある王朝の国王が、ある宗教をとくに信仰するということはあっても、そのために他の宗教をもやはり奨励しており、それを抑えつけるようなことはありえない。たとえば後述するように、アショーカ王は仏教に深く帰依したけれども、同時に、バラモン教、ジャイナ教、アージーヴィカ教などの他の宗教も、厚くもてなしている。

インド仏教史の時代区分

インド仏教史はいちおうつぎのように時代区分がなされる。

(1)　初期仏教（原始仏教）
(2)　部派仏教

右のうち、(1)は「原始仏教」の名称が親しまれているけれども、「原始」ということばに対する価値判断がともないやすいのと、その時代の文献は、原形はともかくとして、今日にまで伝えられているものは、(2)の時代に、各部派の手によってようやく整備され編集されたものであるので、ここでは、「初期仏教」の名をとった。これはおおよそ仏滅後百年〜二百年ごろまでの時代を指し、当時はまだ聖典はすべて口伝《くでん》によっていた。いちおう、パーリ語で書かれた五部（ニカーヤ）と、漢訳の四つの『阿含《あごん》経』が資料の中心となる。

(2)の部派仏教は、ブッダの年代にもよるけれども、仏滅後百年〜二百年ごろのできごととして伝えられている保守派―上座部と、進歩派―大衆《だいしゅ》部との分裂に始まる。通常、これを根本分裂と称するけれども、初期仏教教団が今日わたくしたちが考えるほど、まとまった、中央集権的な集団であったとは考えにくいので、実は、右の根本分裂以前から、多くの地方に、さまざまな部派があったと考えたほうが、インドの他の宗教に比較してみても、現実にふさわしいようである。根本分裂のあと枝末分裂が続く。ともかく、諸部派に分かれた各仏教教団は、経蔵や律蔵を整備して、論蔵をつくって行った。論とはアビダルマ（アビダンマ）の訳語であるので、部派仏教は別名アビダルマ（アビダンマ）仏教とも称される。

初期仏教は部派仏教によって整理・整備されたので、いちおう連続しているのに対して、大乗仏教は部派仏教にとって、いわば異質のものの出現であり、部派仏教徒は大乗仏教をまったく無視している。一方、大乗仏教は部派仏教を小乗仏教と貶して呼んだけれども、部派のなかでみずから小乗と名乗るものはまったくいない。ともあれ、部派仏教は大乗仏教とほぼ並び存して後代にまでいたる。のちには部派の一部と大乗仏教の一部とが結合するというようなできごとも見られる。

(3)の大乗仏教の起源については、現在も定説は存在しない。あとでそれに触れる個所では、現在多くの学者が賛成している説を述べる以外ない。ともあれ、西暦紀元前後のころから、次第に活発化し、さかんに多種な大乗経典がつくられて行く。この時代に成立した経のほうが、初期仏教の時代の経よりも、数・量ともにはるかに多く、また長い。経とは本来「仏説」であり、初期仏教の場合は、多くはその仏はゴータマ・ブッダにもとめられるけれども、大乗経典の仏は、理論的にはゴータマ・ブッダ以後すでに五百年あまり、ないしはそれ以上の年月を経ている。それにもかかわらず、初期仏教の体裁を借りて、あたかもゴータマ・ブッダや、アーナンダ（阿難）、サーリプッタ（舎利弗）、スブーティ（須菩提）その他の仏弟子が同居し、活躍するごとき形式をとりながら、しかし内容は、たとえばボサツなどが新たに登場して、初期のものとは大きく異なる。その一々については後述する。

大乗仏教は、初期（ナーガールジュナなど）、中期（アサンガ、ヴァスバンドゥなど）、後期（ディグナーガ、ダルマキールティなど）に分けて考えることもできる。またその思想上、いわゆる諸種の大乗経典のあと、「空《くう》」の思想、「如来蔵（仏性《ぶっしょう》）」の思想、「唯識《ゆいしき》」の思想、「仏教論理学」のように、右の思想家をあてはめることができ、以下の叙述は、後者によって進む。ただ、右の論師のうちで、ヴァスバンドゥだけは、有名な『倶舎論《くしゃろん》』（『阿毘達磨倶舎論』）を書いて、部派仏教思想の非常にすぐれたしめくくりをしているので、その時代にすでにその名前が出る。なお、五世紀初頭にインドを旅行した法顕《ほっけん》（三三九〜四二〇年）の『仏国記』や、七世紀前半にインドに留学した玄奘《げんじょう》（六〇〇〜六六四年）の『大唐西域記』や、それにややおくれる義浄（六三五〜七一三年）の『南海寄帰内法伝』などによると、インド本国においては、どの時代でも、部派（小乗）仏教を学ぶもののほうが、大乗仏教を学ぶものよりも、数が多かったと記されている（その点で、中国、チベット、朝鮮、そしてとくに日本は、まったく大乗仏教だけが、つぎの密教をともなって、ひとり栄えたのとは、対蹠的である）。

大乗仏教―仏教最後の位置を占める密教は、大乗仏教の興起、いな、それ以前から仏教のなかに生まれかけ、生まれつつあったが、次第に鮮明となってくるのは、中期大乗仏教ごろからであり、とくにそれまでの仏教を「顕教《けんぎょう》」と呼ぶのに対して、みずから「密教」（秘密仏教）と称し、さらに大乗に対して「金剛乗」を名乗るようになるのは、七世紀以降のことである。これは仏教思想の変遷のひとつの流れであり、また民衆の信仰、土着の風俗、さらにはヒンドゥー教との接触・影響・交流が大きな要因と考えられるけれども、そのようなものに変わってしまえば、ヒンドゥー教との間の相異は少なくなり、そのことは仏教のユニークさを失ってしまうことを明瞭に物語る。最後に、一二〇三年、ヴィクラマシラー寺院がイスラーム軍によって徹底的に破壊されて、仏教活動はインドの地に消滅する。

第一章　初期仏教

第一節　前史

インダス文明とアリアン人の侵入

西暦紀元前三〇〇〇〜前二〇〇〇年にかけて、インダス河の流域に、一大都市文明が出現した。現在発掘が進んで、その遺跡の明らかにされたものはモヘンジョ・ダーロー、チャンフ・ダーロー、ハラッパー、コトデイジ、アムリその他がある。一定の整然たる計画のもとにつくられたこれらの諸都市は、舗装された道路上を二輪車が、牛・馬などに引かれて走り、両側には、衛生施設の整備された煉瓦づみの二階家が立ちならんでいた。古代文化につきものの神殿や王宮はなく、穀倉・大浴場・集会場などのすばらしい遺跡がある。

ここには高度の銅器文明が成立し、武器の類はすこぶる貧弱ではあるけれども、飾りや腕輪や幾つかの像が発掘されている。後代のインドの民間信仰との関係については、目下研究が進められているが、インド特有のヨーガの瞑想法などは、ここに発すると考えられている。多数発掘された印章には、動物などの絵図のほかに、文字が刻まれているけれども、それは未だに解読されていない。おそらく海岸線に沿って海路メソポタミア文明と交流があったらしい。その急激な滅亡の原因については、インダス河の氾濫、地下水位の上昇、外敵すなわちアリアン人（アーリア人）の破壊などが考えられている。

アリアン人は、今日いわゆる西欧人と祖先を同じくする。原住地はアジアとヨーロッパとの間の北部地方であったらしいと推定されるが、遊牧民であった彼らは、その草原を出て、一部は西進してヨーロッパ諸民族の祖となった。東進したアリアン人は、南下して、一部はイランに入り、アリアン系イラン人の祖となり、一部は東南に進んで、ヒンドゥークシュ山脈を越えて西北インドに入り、インダス河上流のパンジャーブ（五河）地方にとどまった。かれらはインド・アリアン人と呼ばれる（以下はこれをたんにアリアン人と呼ぶ）。この侵入は西暦紀元前十三世紀末と推定される。かれらはすでに鉄器文明に入っていたために、一時代昔の銅器文明のインド原住民と戦って、これらを打ち破り、追放し、あるいは捕えて奴隷とした。

アリアン人のインド定着

インド文明はアリアン人の侵入・定着に始まる。

インダス河の上流のいわゆる五河地方に入ったアリアン人は、一方で遊牧を続けると同時に、次第に農耕に従事するようになり、この地方に定住しはじめた。

アリアン人はいわば宗教的な民族であった。彼らの尊敬する神々をうたった讃歌集である『リグ・ヴェーダ』は、千十七の讃歌と十一の補遺から成る。それらはほぼ西暦紀元前一二〇〇〜前八〇〇年ごろに作製され、前一〇〇〇〜前八〇〇年ごろに現在の形に編集された。それは三千年後の今日まで、厳格な相伝による暗誦によって伝えられている。

ここにあらわれる神々は、自然現象を模したものであるが、そのなかでもっとも活躍するインドラは、のち仏教に入って帝釈天となる。そのほか神々の数は多く、それぞれに最大級の賛辞が付せられているために、神々の個性はあまり明瞭とはいえない。

こうした神々をまつる司祭者はバラモンと称し、一方、戦士・王族はクシャトリヤ、一般庶民はヴァイシュヤ、そして被征服者の隷民から成るシュードラという階級区分が、次第に生まれてくる。これが有名なカースト制度であり、始めのうちは混血がさかんにおこなわれて、数多くのサブ・カーストに分かれて行ったが、後代になると、これが完全に固定化し、いわゆるインド社会の閉鎖性をもたらし、インド社会内のモビリティ（可動性）を極度に抑えつけた。たとえば仏教はすべての人間の平等を掲げて、このカースト制度に強く反対したけれども、カースト制度そのものはほとんど揺らぐことがなかったばかりか、逆に、仏教を危険思想視した風潮さえうかがわれる。ただし同一カーストのメンバーのあいだには、一種の連帯意識が生じ、もともと国家的規制の乏しいインド社会の秩序を維持し、社会政策の貧困をたがいにおぎないあっている場面も見られる。

固定化したカーストは、そのひとの生まれによって決定されるが、現在のインドでは、カーストと職業とが結合している例が少なくない。ある職業にはある特定のカーストのものしか参加できず、しかもそれが非常にこまかく分化している。

ともあれ、バラモンがもっとも尊ばれていたことは疑いのないところであって、最初期の仏典に、

生まれによってバラモンとなるのではなくて、そのひとのおこないによってバラモンとなる。

という場合、仏教もバラモンを尊敬していたことは明らかである（ただし右の句は、いわゆるカースト制度にもとづいたバラモン、すなわち生まれながらのバラモンを否定しており、バラモンの内容をすっかり変えてしまっている）。

ヴェーダ聖典

アリアン人は西暦紀元前一〇〇〇年ごろから東進を始め、ジャムナー河とガンジス河とが潤すヒンドゥスタン平原に進出した。この地は、地味は肥沃であり、太陽がみちあふれ、雨

量もけたちがいに豊富であって、いわば農耕に最適の条件をそなえている。こうしてアリアン人はこの地に定着し、遊牧生活を捨てて、もっぱら農耕に従事するようになり、その結果、自給自足的・孤立的・閉鎖的な農村社会が見られるようになった。その精神的支柱としてバラモン教があり、それはバラモンを頂点とするカースト制度の温床となった。

ヴェーダ聖典は、上述の『リグ・ヴェーダ』に加えて、『サーマ・ヴェーダ』『ヤジュル・ヴェーダ』、そしておそらくは土着民の俗信をもりこんだと見られる『アタルヴァ・ヴェーダ』の四つのヴェーダ聖典が成立する。

この四ヴェーダが狭義のヴェーダ聖典であるが、さらにそれらの註釈文献として、ブラーフマナ（祭儀書）とアーラニヤカ（森林書）とウパニシャッド（奥義書）とがつくられて、これが広義のヴェーダ聖典と呼ばれ、バラモン教のテクストとなる。

右のうち、ウパニシャッドとりわけ古ウパニシャッドはとくに重要な文献であり、最初期のものは、仏教以前のものである。そのなかで、とくに『ブリハッド・アーラニヤカ・ウパニシャッド』と『チャーンドーグヤ・ウパニシャッド』は、もっとも貴重である。

これらには、ブラフマン（「梵」と訳す、中性語）、アートマン（「我」と訳す、男性語）の二つの基本概念が登場する。ブラフマンはもともと神聖で呪力にみちた祈禱のことばであり、それのもっている神秘力を意味した。一方、アートマンはいわば主体的・人格的な原理である。もともと気息を意味し、生気・本体・霊魂・自我、そして万物に内在する霊妙な力をあらわす術語となった。ただし、このブラフマンもアートマンも、それ自体は他のことばをもって説明することはむずかしい。それは一であって全であり、相対を離れ、比較を絶して、文字も思考も達することができない。もしもしいて表現しようとすれば、ただ「そうではない、そうではない」(neti neti) という否定のことばしか出てこない。

こうして、宇宙の根本原理ともいうべき超越的なブラフマンが一方に説かれ、各個人の主体を形成する内在的なアートマンが他方に説かれているうちに、そしてそれへの一体化がそれぞれについて説かれているあいだに、やがて、ブラフマンとアートマンとの一致が成立するようになる。これがいわゆる「梵我一如」である。個人の本体が宇宙の根本原理にまで高められたこと、そしてここに到達した一元論は、古ウパニシャッド哲学のクライマックスということができよう。

ブラフマン＝アートマンの発見とともに、この古ウパニシャッドにおいてはじめて説かれた教義に、業《ごう》による輪廻《りんね》の思想がある。業はカルマン (karman) の訳で、カルマンとはクル (kṛ「なす」「つくる」の意) という動詞からつくられ、わたくしたちの行為と、その行為ののこした結果の一切をさす。すなわち、行為によって結果が生じ、その結果によってつぎの行為が規定される。この循環が、神・人間その他、生あるものに、さまざまな姿をとって生まれかわるという思想であった。これは、さきのブラフマン＝アートマンの思想とは切り離されて、仏教などに採用され、独自の発展を示して行く。おそらくアリアン人が豊かなる生命力のみちあふれるインドに生活して、何世代もの経験からくみとって、築きあげた思想にちがいない（輪廻転生《りんねてんしょう》の思想は、古代ギリシアのピュタゴラスやエンペドクレスにも見られるが、それほど有力なものとは成らず、ヨーロッパではキリスト教の確立とともに消えてしまった）。ただし、古ウパニシャッドに説かれる業—輪廻の説は、まだ素朴なものであり、善業によって善人となり、悪業によって悪人となるというほどのものであったらしい。

第二節　仏教の誕生

自由思想家たち

紀元前六世紀前後のインドは、ガンジス河流域を中心に、活気がみなぎっていた。気候・風土その他の好ましい諸条件がそろい、豊かな農産物にめぐまれて、諸物資は豊富に出まわり、加工業も栄えて、商工業がさかんになり、人々の生活は安易で裕福になり、貨幣の出現によって、経済活動は急速に進展した。こうして多数の小都市が成立して人々をあつめ、小都市を中心に群小国家が生まれ、それらはしだいに併合されて計十六の大国に発展し、大国とその首都との未曾有《みぞう》の繁栄がくりひろげられることになった。

このような新しい社会は、当然、新しい空気をもとめる。すでにヴェーダの宗教は古びた迷信のように感ぜられ、バラモンの権威は失墜して、それにかわる自由で清新な思想家たち

——かれらは「努力する人」（シュラマナ、サマナ、「沙門《しゃもん》」）と呼ばれる——を人々は歓迎した。バラモン教を否認するこの新興思想には、唯物論があり、快楽主義があり、逆に苦行主義があり、また懐疑論があり、その種類は非常に多い。しかもかれらには、思想の自由、発表の自由が徹底してまもられていたばかりか、たがいの討論は人々の熱心な支援をうけた。仏教も、このような状況のなかで生まれ、そだっていった。

初期仏教経典では、それらの新興思想の数を計六十二として、それぞれの内容の概略を伝えている。また同時代に生まれて仏教とともに発展したジャイナ教では、三百六十三種の見解があった、と述べている。以下、これらの多数の思想家のうち、とくに重要な六人について、述べていくことにしよう（仏教ではかれらを六師外道《ろくしげどう》と呼んでいる）。

(1)　プーラナ（Pūraṇa Kassapa）は、奴隷の子として生まれ、主人から逃亡する途中で衣類を奪われて以来、裸で生活した。かれは、他の生命を奪い、悲しませ、苦しめ、他人の家に侵入し、盗み、追いはぎになり、姦通し、うそを語るなどの行為について、それらはすこしも悪をおこなったことにはならない、また悪の報《むく》いをうけることもない、逆に、祭祀をおこない、施《ほどこ》しをし、自己を制御し、真実を語るなどの行為も、善を生ずることがない、善の報いも存在しない、と主張する。これは極端な道徳否定論ないし無道徳論である。

(2)　アジタ（Ajita Kesakambala）は、素朴な唯物論を説いた。かれは地・水・火・風の四つの元素のみを認め、それらを実在とし、人間もこれら四元素によって構成されているとした。生命のつづくかぎり、この四元素は結合しているが、死ぬとそれぞれに分解してしまう。死とともに人間そのものが無となり、もちろん霊魂のようなものは存在しない。死後にはなにものものこらないから、善業も、悪業も、その果報をうけることはない。果報を望んでの施しや祭祀はすべてがむだであって、それよりも現在の利益や快楽を求めた方がよい、という主張から、唯物論と快楽主義とがむすびついて、いわゆる現世主義—刹那《せつな》主義をとなえる。この種類の考えはいつでもどこにでもあり、のちインドでは、この派をチャールヴァーカあるいはローカーヤタ（順世派）と呼んでいる。

(3) パクダ（Pakudha Kaccāyana）は、アジタの唯物論や四元素に、苦と楽と生命（霊魂）という精神的な要素をくわえた七要素説をたてた。これら七要素は、かれの説くところによれば、つくられず、なにものも生み出さない、不変で、安定しており、七つの集合もない。たとえば人間をきるというのは、ばらばらのこの七要素の間を刃がすりぬけたにすぎない、とする。こうして、これも一種の道徳否定論に、あるいは快楽主義に通ずる。

(4) ゴーサーラ（Makkhali Gosāla）は、さらに要素の数をまして、十二要素を挙げた。しかしかれの思想は、一種の宿命論によって名高い。すべてはあるごとくあり、なるごとくなり、すべて無因無縁であって、どこにも支配力もなく、意志の力もなく、すべての変化はひとりでに決定されている。どのような悪い行為あるいは善い行為をしようとも、定められた運命からのがれることはできず、一切の努力は結局むだである。ただ輪廻のおもむくままにころがっていく、とかれは説く。しかしまた、かれはアージーヴィカという宗教に属していたと伝えられる。この語は「生活法についての規定を厳密に守るもの」の意味で、実際に苦行をつづけていた。なお、アージーヴィカ派はかなりながく存続し、後期の書物では、上述のプーラナやパクダをもこの派にいれている。この宗教は、後代になってジャイナ教に吸収された。

(5)　サンジャヤ（Sañjaya Belaṭṭhiputta）は、もっとも有名な懐疑論者である。たとえば、「来世は存在するか」の問いに、「そうだとは考えない、そうらしいとも考えない、それとは異なるとも考えない、そうではないとも考えない、そうではないのではないとも考えない」と答えたという。ようするに確定的な答えをせず、未定のままにさしおいて、一種の不可知論に終始しており、仏典はかれの説を「鰻《うなぎ》のぬらぬら論」と呼んでいる。しかしこのばあい、とくに形而上学の問題にたいして、エポケー（判断中止）をたてたことは、ひとつの意義がある。それは、ヨーロッパでは、ギリシアでアリストテレスの壮大な体系がきずかれたあと、ローマ期にはいって、懐疑派のピュロンによって見いだされた立場に共通するものがある。

(6)　ニガンタ・ナータプッタ（Nigaṇṭha Nātaputta）は、「ナータ族の出身であるニガンタ派の人」という意味で、本名はヴァルダマーナ（Vardhamāna）といい、さとりをひらいてからは、マハーヴィーラ（Mahāvīra　偉大な英雄）、あるいはジナ（Jina　勝者）などと尊称される。かれによって改革されたニガンタ派は、以後ジャイナ教（ジナの教え）として出発することになる。

ジャイナ教はその後、仏教と歩をそろえて発展し、バラモン系統以外の二大宗教として、インド文化・思想の諸方面に多くの影響をおよぼした。なおジャイナ教の伝説・術語・思想などには、仏教と共通しているところがすくなくない。

マハーヴィーラはゴータマ・ブッダよりも二十年あまりあとに生まれて、出家してのち、ひたすら苦行に専念し、苦行のなかでさとりをひらいた。その結果、かれは、当時の混乱した思想界のなかで、一種の相対主義ないし不定主義により、すべて「ある点から見ると」(syād) という限定をおいて、その思想を説いた。かれは、一切を霊魂と非霊魂との二つに区分し、後者をさらに活動・静止・虚空・物質の四つに分けて、あわせて五つの実在体をあげる。

ジャイナ教のなによりもの特徴は、その厳格な実践にある。とくに不殺生《ふせっしょう》・真実語・不盗・不邪淫・無所有の五つの大戒が重要視され、なかでもその第一の不殺生戒は、出家・在家の別なく、きびしく守られた。すなわち生命のあるものは一切殺したり傷つけたりしてはならないとしているので、信者でも、それを犯すおそれのある職業に従事することができない。たとえば農業などは、土中の虫を殺す可能性が多いために、ジャイナ教徒は好まない。そして商業に精励し、また真実語戒をまもって正直であるところから、信用があつく、こうして成功して、富裕となった。一説によれば、前世紀までのインド民族資本の過半数は、インド全人口の〇・五パーセントしかいないジャイナ教徒がにぎっていた、といわれる。

出家者のなかには、五戒の最後にある無所有戒に徹底するあまり、身に一糸まとわず、ついにはジャイナ教の聖典までもすててしまったものがあり、この人々は裸行派と呼ばれる。そのいきすぎをおさえて、白衣一枚をまとい、聖典を護持した人々は、白衣《びゃくえ》派と呼ばれる。

開祖マハーヴィーラの苦行をしのんで、苦行とくに断食が修行者に徹底し、そのための死が称賛されるほどであった。ともあれこの実践によって、ジャイナ教はまもられて、今日にいたっており、たとえ少数ではあっても、不殺生—平和など、大きな感化をインド民衆にあたえた。

ゴータマ・ブッダ

ゴータマ・ブッダは、上述の新しい空気のなかに生まれた自由思想家のひとりである。ゴータマ（Gotama）は姓で、名はシッダッタ（Siddhattha, Siddhārtha）といい、一方、ブッダ（Buddha）はさとりをひらいた人、覚者の意味で、固有名詞ではない。ネパールに本拠をおいた釈迦（Sākiya, Śākya）族の出身で、尊称して釈迦牟尼（ムニ＝muni は聖者）と呼ばれ、釈尊《しゃくそん》と訳される。なおブッダは仏陀と音写されたが、この名称が中国に伝わるまでに、語尾の音が脱落したために、たんに仏とも記し、それが浮屠《ふと》などと音写された例もある。そしてこれがわが国にはいり、それに美称の接尾辞「ケ」をともなって、「ホトケ」と称されるようになった。そのほか、世尊・如来など、多くの異名がある。

ゴータマ・シッダッタの誕生の地は、カピラ城郊外のルンビニー園で、紀元前三世紀に全インドの統一をはじめてはたしたアショーカ王は、ここに塔と石柱を建てて、それを記念した（この石柱は倒れて土に埋もれていたが、十九世紀の終わりに発掘された）。

また仏伝は、その誕生にまつわるさまざまな物語をつけ加えている。そのなかで、たとえば誕生後「七歩行った」その「七歩」の意味について、宗教学的に、民俗学的に、その他の立場から、さまざまな解釈がなされている。

父はスッドーダナ（浄飯王《じょうぼんのう》）といい、この王の兄弟の名前から見ると、この国の人々が農耕——とくに米作を主としていたことがうかがわれる。地方の一小国ではあったが、かなり裕福であったらしく、ゴータマ・シッダッタはその王子であった。母マーヤーはシッダッタの生後まもなくなくなり、叔母が養母となった。十六歳で妃を迎え、男の子のラーフラが生まれる。

おそらく二十歳をすぎた頃から、人生の諸問題について悩み苦しんだ末に、ついに二十九歳で出家する。ここにもつぎのような伝説がある。父王の宮殿から、城外に出て、最初に老人を、次回は病人を、そのつぎには死人を見て、心楽しまずに宮殿にもどって、自分もまた、自分の意志に反して、やがてはそのようになることを知る。最後の機会に清浄な沙門を見て、出家の意志を固めたという。これは「四門出遊の物語」と呼ばれている。ともかく、シッダッタは夜ひそかに宮殿を抜け出て、御者チャンナの引く愛馬カンタカにまたがり、遠く城下から去る。髪をそり、粗末な袈裟衣をまとって、遊行者となった。それは王子としての身分その他はもとより、地位・財産・妻子・生活の糧《かて》などの一切を放棄したことを意味する。

出家してひとりの沙門となり、南下して、ガンジス川流域を中心としたマガダ国に入る。ここで一種の神秘主義を奉ずる仙人二人に順次に道をたずねた。そのひとりはアーラーラ・カーラーマといい、「無所有処定」を得ており、他のひとりはウッダカ・ラーマプッタといい、「非想非非想処」を得ていたという。しばらくその修行法を学んだが、満足はえられなかった。

そのあと、多くの沙門と同じように、山林に入って苦行に熱中する。苦行は六年も続いた。それには、息をまったくとめてしまう止息法や、一日に一粒の米しか許されない断食その他があり、過酷に徹する苦行中に、死に直面するほどであった。しかし苦行からはさとりはえられず、かえって朦朧《もうろう》とした意識による幻想に悩まされた。こうして、深い体験ののち、苦行も捨てた。

ガヤーの山林を出て、ネーランジャラーの小川に身体を洗い、村の少女のささげる乳糜《にゅうび》を飲んで元気を快復し、そこにそびえるアシュヴァッタ*の樹の下でひたすら瞑想に沈潜し、ついにさとり（正覚）がひらかれる。これを成道と称する。こうして、ゴータマ・シッダッタはゴータマ・ブッダとなった。

＊アシュヴァッタは「いちじく」の一種であるが、のちにこれは「菩提樹」（菩提はさとり）と呼ばれるようになった。現在その地にあるその樹は二代目とも三代目ともいわれる。さとりをひらいた場所はブッダガヤーと呼ばれ、のちに記念の仏塔が建てられ、仏教徒の巡礼の一つとなった。

それでは、ブッダはこのとき何をさとったのか。さとりの内容は何か。初期の経典には、この点に関して、多種多様の説をあげており、宇井伯壽博士はそれらを整理して、十五種をあげている。

ふつう「十二因縁」（縁起）をさとったといわれているけれども、これも右の十五種の一つにすぎず、しかも『阿含経』の各所に、十二支に達しないでより素朴な縁起説が説かれているので、このときすでに「十二因縁」説がさとられたとするのは、後世の措置であることは明らかである。

ゴータマ・ブッダの出家が、人生の諸問題に発しているので、それをもっとも究極的・根本的に解決したと見るのが自然であり、それは一言でいえば「法」の発見であり、また人生が自分の意志の思うようにならないということからの解脱ということならば、「苦」に関する問題の解決と考えられる。

いずれにしても、初期の経典に上述のように多種のものが掲げられているのは、後世、経典編纂者の考えによるものであり、また一面、ブッダは成道の内容について、弟子たちに一つ一つ語ることがなかったとも考えられる。この点では、イエス・キリストのいわゆる山上の垂訓とは非常に隔たるものがある。

ゴータマ・ブッダはしばらくさとりの醍醐《だいご》味をしみじみとあじわいながら、やがてそのさとりの内容を人々に説くべきかどうかを思いまどう。それはその内容が深遠であるために、他人に説いても理解されないであろうと考え、むしろ説くまいとする心に傾いた。

そこでここに後世いわゆる「梵天勧請《かんじょう》」のできごとがおこる。すなわち、バラモン教―ヒンドゥー教の神であるブラフマン（梵天）が、ブッダの許に来て、ぜひともその教えを説くよう、すすめ且つ請う。それが三たびくり返されて、ついにブッダは説法を決意する。

甘露（不死）の門は開かれたり。耳のあるものは聴くべし。

とは、ブッダのこのときの決意を示す詩句である（「梵天勧請」は、ブッダの内心の動きを外に物語化したものであろう）。

まず最初に、かつて教えを聞いた二人の仙人を考えたが、二人ともすでに死んでこの世になかった。そこでつぎに、最近まで苦行を共にした五人の旧友に説こうと決心した。こうしてブッダガヤーを発《た》ち、約百八十キロメートルの道のりを歩いて、五人のいる当時の首都ベナレスに向かう。途中、アージーヴィカ教の修行者のウパカに出会い、ブッダは「無師独悟」を語りかけるが、ウパカは首をふりふり半信半疑のまま立ち去った。

五人の修行者は、ベナレスの北方のサールナートにあるミガダーヤすなわち鹿野苑《ろくやおん》にいた。ゴータマ・ブッダが近づいて行くと、かれらははるかにその姿を認め、ブッダを苦行からの脱落者として軽蔑して、歓迎しないことを申し合わせた。ところが、ブッダがいっそう近づくと、その威容に打たれ、申し合わせも忘れてしまい、丁重に迎えいれて、ブッダの最初の説法に耳を傾け、ただちにその場で仏弟子となった。いわば教団はこうして生まれたのである。

ブッダの説法を「転法輪」と呼ぶ。輪は世界を支配する帝王のシンボルであり、法輪は最高の真理である。また輪であるから、どこへでもころがって行きうる。この輪を転ずるとは、最高の真理を世界に公《おおや》けにしてひろげるという意味になる。ブッダの説法はすべて転法輪であるが、この最初の説法はとくに初転法輪と称する。

初転法輪については、『初転法輪経』という単独の経典もあり、それを伝える資料は二十種以上にも及ぶが、そのほとんどが、中道、四つの聖なる真理（四聖諦《ししょうたい》）、八つの正しい道（八正道《はっしょうどう》）、無常―苦―無我のいわゆる三法印の説を記している。それぞれの内容に関しては、次節にくわしく説明する。

初転法輪を契機として、ブッダは一般の人々にひろく呼びかけるようになった。のち八十歳で入滅するまで、教化巡歴はガンジス河流域を中心とする中インド一帯に及び、実に四十五年間も続けられた。

ベナレスで、ブッダは長者の子ヤサ、ついでその四人の友、五十人の友に道を説き、かれらは出家して仏弟子となった。

ベナレスから、かつての成道の地ウルヴェーラーに赴き、ここで、ウルヴェーラ・カッサパ、ナディー・カッサパ、ガヤー・カッサパの三人のバラモンの兄弟と、それぞれ五百人、三百人、二百人の弟子が、すべて仏弟子となった。

ブッダはついでマガダ国の首都ラージャガハ（王舎城）に赴く。国王ビンビサーラはブッダに帰依して、王舎城の入り口の外側にある竹林精舎を寄進した（ビンビサーラはその子アジャータサットゥに幽閉されるが、そのアジャータサットゥもやがて信徒となった）。

当時、王舎城には六師外道のひとりであるサンジャヤが住んでいた。かれは二百五十人のバラモンの仲間をつれており、そのなかにサーリプッタ（舎利弗）とモッガラーナ（目犍連、目連）とがいた。サーリプッタは、最初の五ビクのひとりであるアッサジ（馬勝）の敬虔な姿に打たれ、かれから、

もろもろのことがらは因から生ずる。

真理の体得者（如来）はそれらの因を説きたもう。
またそれらの滅をも説かれる。
偉大なる修行者はこのように説かれる。

と聞かされて、法の眼がひらかれた。それはただちにモッガラーナに伝えられ、二人は二百五十人の仲間とともに、ブッダのもとに赴いて仏弟子となった。サーリプッタは智慧において、モッガラーナは神通力において、抜群の才能があった。二人ともブッダに先立って入滅したようであるが、その影響力は偉大なものがあった。

マハー・カッサパ（大迦葉）が加わったのも、その後まもなくであった。かれは簡素で高潔な生活を送り、行法第一といわれた。このマハー・カッサパは、ブッダ入滅のあと、経典結集《けつじゅう》の中心人物となった。

つづいて、ブッダは故郷のカピラヴァットゥに帰り、シャカ族のひとびと五百人を帰依させた。異母弟のナンダ（難陀）、実子のラーフラ（羅睺羅）、理髪師のウパーリ（優波離）、いとこのアーナンダ（阿難）などが出家して、ブッダにしたがった。アーナンダはこれ以後ブッダの従者となり、約二十五年間ブッダにもっとも近く仕えた。

当時マガダ国に対立する大国にコーサラ国があり、シャカ族はもともとコーサラ国に従属していた。ブッダがコーサラ国を訪ねてしばらくののち、国王パセーナディは熱心な信徒となった。その首都サーヴァッティー（舎衛城）にスダッタ（須達多）という長者がおり、かれは非常に慈善に富んだひとで「孤独な人々に食をあたえる人」（給孤独長者《ぎっこどく》）と呼ばれていた。かれはパセーナディの太子ジェータから広大な土地を買い取り、これをブッダに寄進した。それはジェータの園と呼ばれ、漢訳では祇陀園と訳し、略して祇園という。いわゆる祇園精舎がそれである。十九世紀末にイギリスの考古学者カニンガムが、現在のサヘート・マヘートにその遺跡を発見して以来、発掘作業が進行し、その実測によると、その遺跡は二万坪に達するという（なお五世紀当初にこの地を訪ねた法顕《ほっけん》は、塔や美しい庭園を記録しているが、七世紀前半に旅行した玄奘は、すでに建物はこわれ、礎石だけが存したと記している）。

ブッダはたえず遊歴して、一ヵ所に永住することはなかったけれども、もっとも長く居住したのは、王舎城の竹林精舎と舎衛城の祇園精舎であった。とくに雨季の安居《あんご》は、ほとんどこの二ヵ所のどちらかですごすことが多かった。

仏弟子に女性がいたかどうかは確実ではない。しかし経典には、養母のマハー・パジャーパティー、ラーフラの母（かつてゴータマ・シッダッタの妻）ヤショーダラー、スダッタ長者の長男の妻スジャーター、パセーナディ王の夫人マツリカー（末利）などが、あるいは尼僧（ビクニ）となり、あるいは熱心な在家の女性信者となった、と伝えている。

ゴータマ・ブッダの活躍した範囲はだいたいガヤー、王舎城から、パトナ、クシナーラー、カピラヴァットゥにいたる線を中心に、西のほうは、ベナレスから、舎衛城、コーサンビーにいたる範囲であったらしい。

ゴータマ・ブッダの死は、仏弟子たちにとって永久に忘れえぬできごとであった。この『偉大なる死』（マハー・ニッバーナ）を記すテクストは、パーリ文、サンスクリット（断片）、五種の漢訳本にくわしい。それらをつき合わせると、おおよそつぎのようになる。ブッダは王舎城を出てから、ナーランダを経て、パータリプトラ（今日のパトナ）に出る。ここでガンジス河を渡り、北上してヴェーサーリーの町についた。この町は商業都市として栄えていった。ここで雨季をすごし、最後の説法をおこなう。

わたくしには握りこぶしはない。わたくしはすべてをことごとく説き示した。みずからを燈明（あるいは島）とし、みずからをよりどころとして、他人をよりどころとせず、法を燈明（あるいは島）とし、法をよりどころとして、他のものをよりどころとするなかれ。

雨季があけると、

ヴェーサーリーは美しい。

この世界は美しい。

アーナンダよ、これがわたくしのヴェーサーリーを眺める最後の機会になるであろう。


の語をのこす。というのは、悪魔があらわれて、ブッダに入滅をすすめる。ブッダはそれに応じて、三ヵ月後に入滅する旨を告げる。その間、アーナンダはただ茫然としていて、ブッダや悪魔への懇請ができないでいた。ブッダはつぎの詩句をのこす。


わが齢は熟した。

わが余命はいくばくもない。

なんじらを捨てて、わたくしは行くであろう。

わたくしは自己に帰依することをした。

ビクたちよ、なんじらは精励であって、正しく気をつけ、よく戒を保て。

思惟によってよく心を統一し、
自分の心を守れ。

この法と律とに精励するであろうものは、生の流転を捨てて、苦の終末をもたらすであろう。

途は母国に向かっている。ブッダも人の子であり、人は死ぬとき、やはり故郷をめざすのであろうか。

途中、パーヴァの村で、鍛冶工のチュンダを教える。そのチュンダの差しあげた食物に「スーカラマッダヴァ」があった。スーカラは野豚で、マッダヴァは柔かいという意味であるから、「柔かい豚肉」を意味する。托鉢に際して、必ずしも肉食を避けない南方仏教の人々は、それを右のパーリ語のとおりに訳してさしつかえない。しかしいわゆる精進料理と称する獣肉食を避ける北方仏教では、「栴檀茸」と漢訳している。それは栴檀樹に生えたキノコという意味である。あるいは現在フランスやイタリアの高級料理に珍重される「トリュッフ」であったかもしれない。ところが、その食物にいわゆる食当たりをおこして、ブッダは重病におちいる。おそらく赤痢であろうと想定される。

その病いを押してさらに進み、クシナーラーに達したが、ついに動けなくなる。その村はずれの二本のサーラ樹のそびえる木蔭に、北を枕にして、ブッダは横たわる。そして静かに、

アーナンダよ、歎くなかれ。

かつてわたくしは無常を教え、愛別離苦を教えたではないか。

とさとす。

そこへスバッダという遍歴者が来て、ブッダに面会を求める。アーナンダは拒んだが、ブッダはこれを許し、つぎの詩を授ける。

スバッダよ、わたくしは二十九歳で善を求めて出家した。
スバッダよ、わたくしは出家してから五十年余となった。
正理と法の領域のみを歩んで来た。
これ以外には道の人なるものは存在しない。

スバッダはブッダの最後の弟子となった。

夜更けて、ブッダはひとりかすかに口をひらく。

それではビクたちよ、なんじらに告げる。
つくられたものは滅び行くものである。怠ることなく努力精進せよ。

それきりブッダの口は閉じ、眼も閉じられた。静かな安らかな入滅であった。まださとりを得ていなかったアーナンダは号泣し、さとりをひらいていたものは、無常を観じて、じっとこらえた。

それはインドの暦でカールッティカの月（太陽暦十一月）の満月の夜のことであったと伝えられる。中国の所伝では、二月十五日といい、そのままわが国にも伝えられている。

葬儀はマッラ族の人たちの信者によっていとなまれ、丁重な儀式を経て、火葬に付された。かれらはその遺骨、すなわち舎利を拾って、集会堂にまつった。そのとき、マガダ国のアジャータサットゥ王をはじめ、計七ヵ所から舎利の要求があり、結局八分されて、八ヵ国に舎利塔が建てられた。

以上が、上述の諸本の記録であるが、一八九八年、カピラヴァットゥの故地に近いピプラーヴァーでフランスの考古学者ペッペが故塔を発掘したさいに、一つの蠟石壺を発見した。その一つの表面に、

これはシャカ族の仏・世尊の遺骨の器であって、名誉ある兄弟ならびに姉妹・妻子たち（が奉納したもの）である。

と記してあった。その書体は、いわゆるアショーカ文字で、紀元前三世紀よりも以前のものである。

最後にいわゆる仏滅の年代に関する議論を紹介しておこう。第一は南伝にもとづくもので十一世紀ごろからの伝説にもとづいて、仏滅を紀元前五四四年とする。そしてこれにもとづいて、一九五六年にセイロン（スリランカ）で仏滅二五〇〇年祭がおこなわれ、この祭（ブッダ・ジャヤンティ）は以後タイ、ビルマ（ミャンマー）、日本、中国、インドでもおこなわれた。これによれば、ブッダは前六二四〜前五四四年ということになるが、少し古すぎて、他の文化諸現象と合わず、いまは学問的にはとりあげられない。

第二は、セイロンの『島史』（ディーパ・ヴァンサ）『大史』（マハー・ヴァンサ）による説で、パーリ仏教の権威者であるガイガーは、これにより仏滅を前四八三年とした。ヤコービもこれにもとづき前四八四年と算定した。これは『善見律毘婆沙』の翻訳とともに中国に伝えられた「衆聖点記《しゅしょうてんき》」の説にもほぼ合致する。すなわち仏滅後に律蔵が結集されたとき第一点を打ちはじめて、毎年の安居ごとに点を打ち、その点が九百七十五点に達したときに、中国に伝わり、それは『歴代三宝紀』によると四九〇年であったという。したがって仏滅は紀元前四八五年になる。これによればブッダは前五六五〜前四八五年になる。わが国ではこれにもとづいて一九三四年（昭和九年）に仏誕二五〇〇年祭がおこなわれた。

第三は宇井伯壽博士の提唱された説で、『十八部論』『部執異論』という北方に伝えられた説にもとづき、「仏滅後百十六年にアショーカ王即位」の記事や、右の南方所伝による国王の年齢の間のびの疑いを解消して、仏滅を紀元前三八六年とした。これはアショーカ王即位を前二七一年とするのに基づいているが、中村元博士は、さらにギリシアの資料を確かめて、アショーカ王即位を前二六八年とされた。したがってこれによればブッダは紀元前四六三～前三八三年ということになる。以上の第二、第三の説は、いずれも拮抗していて、どちらとも決めがたい。

なお、このブッダの年代にもとづいて、ブッダと同時代の六師外道、ジャイナ教などの年代も決定される。

第三節　初期仏教の思想

資料について

『論語』における孔子、『プラトン対話集』のなかのソクラテス、『新約聖書』とくにマタイ、マルコ、ルカの『共観福音書』におけるイエス・キリストのことばが、すべてをそのまま信頼することができないように、いな、それ以上に、初期仏教経典に説かれるゴータマ・ブッダの言行は、経典の記述をそっくりそのまま受けいれることはできない。それは資料についての厳密な批判（テクスト・クリティク）がなされなければならない。

初期仏教の資料は、大別して、経蔵（スッタ・ピタカ）と律蔵（ヴィナヤ・ピタカ）と論蔵（アビダンマ・ピタカ）の三蔵（ティ・ピタカ）であるが、思想を知るためにもっとも重要なものは、なんといっても経蔵であり、一部は律蔵からも得られる。論蔵はそれらの註釈なので、ここでは除外しておこう。

経蔵はブッダおよび主な仏弟子の言行を収めており、律蔵は主として教団の規範である。しかしそれらが現在の形に編纂されたのは、アショーカ王前後を中心として、西暦紀元前後までつづく。

もともとブッダは、場所に応じ、時期に応じ、話す相手に応じて語った（これを対機説法と術語化する）。しかもほとんどつねに対話であって、相手に多く語らせ、みずからは譬喩を多くまじえて答え、相手の理解を援けた。ブッダ自身、固定した一定の説教を演説したり講義したりしたのでもないし、特定の思想体系を樹立しようともしなかった。

ブッダに触れた人々は、そのときそのときのできごと、ブッダのふるまいとことばとを記憶にとどめた。ブッダの晩年の約二十五年間はアーナンダが随行していたので、アーナンダの記憶には多くのものがのこされた。

ゴータマ・ブッダ入滅のあと、マハー・カッサパは五百人の高弟を集めて、王舎城の郊外で、おのおのの記憶するところを述べ合い、とくにアーナンダが『経蔵』を、ウパーリが『律蔵』を述べて、いわゆる聖典の結集をおこなった、と伝えられる。しかしこのとき成立した聖典の全部が、そっくりそのまま後世にまで伝えられたという保証はないし、また後世に伝わる経蔵・律蔵が、そのとき全部集められたという保証はさらにない（とくに律蔵は後世の附加を数多くふくんでいる)。たとえそのとき聖典の多くのものが集められたとしても、その当時に、それから洩れたものも数多くあったにちがいない。

もともとインドは古代から現代まで、いわゆる中央集権的なことになじみが薄く、たとえば、現在インドでもっとも活発なラーマクリシュナ・ミッションにしても、カルカッタやデリーなどに点在して、日本の現在の寺院の総本山のようなものはない。

経蔵は語りつがれて、何代も経過した。途中、九部または十二部というような形式からする編纂もあったと伝えられるが、それは今日名称のみがのこっているにすぎない。そうするうちに、記憶の便をはかるために、あるいは簡略化されたり、韻文化されたり、あるいは逆に同一のことがらのくり返しを多くふくむようになったり、それに他のものが付着したり、整備されたり(たとえばすでに述べた例として、ブッダ成道のさいの十二因縁の説のごとき)、さまざまのことがらが付随した。

こうして、現在にまで伝わる経蔵としては、パーリ語のものがもっとも完全であるが、漢訳されたものも古いものをふくんでいて、ぜひとも参照されなければならない。幸い、パーリ語の五部(ニカーヤ)のうち四部には、漢文の四つの阿含経《あごんきょう》が相応する。ただしそれぞれがそっくりあてはまるものは、数多くない。漢訳の四『阿含経』はそれぞれ違う部派の伝来したものが、たまたま四部そろったのである(もっとも『雑《ぞう》阿含経』だけは、別訳その他がある)。これを一覧にすればつぎのとおりである。

パーリ語	漢訳	
長部（ディーガ・ニカーヤ）	『長《じょう》阿含経』	比較的長い文章より成る。
中部（マッジマ・ニカーヤ）	『中阿含経』	中ぐらいの長さの文献。
相応部（サムユッタ・ニカーヤ）	『雑《ぞう》阿含経』	短小の経典が大部分。
増支部（アングッタラ・ニカーヤ）	『増壱《ぞういち》阿含経』	右の編纂に洩れたもの。

さらにパーリ語には、

小部（クッダカ・ニカーヤ）

というのがあり、計十五の経典をふくむ。このなかには、一部、漢訳相当経典をもつものもある。この小部のうち、特に重要なものに、

『ダンマパダ』（法句経）

『スッタニパータ』（『経集』別名『ブッダのことば』）

があり、

『ウダーナ』（感興偈）
『イティヴッタカ』（如是語）
『テーラガーター』（長老偈）
『テーリーガーター』（長老尼偈）
『ジャータカ』（本生譚）

も見逃すことができない。

ちなみに、パーリ語というのは、古代インドの中部の西のほうで用いられていた方言（プラークリット）である。一方、ゴータマ・ブッダは、多くマガダ語で語ったというのが、現在の通説となっており、マガダ語はインド中部のむしろ東のほうで用いられた方言であった（現在マガダ語のまま伝わったものは一つもない）。仏教の拡大につれて、そのマガダ語の文献がパーリ語に移された（マガダ語とパーリ語とは比較的近い）。そしてそのパーリ語から成る経典をたずさえて、アショーカ王の時代に、アショーカ王の子（あるいは弟）のマヒンダ長老が、セイロンに伝えた。そこでも口誦口伝されていたが、大切な聖典の消滅をおそれて、おおよそ西暦紀元前一世紀に書写された、と伝えられている。

漢訳仏典は、おそらくマガダ語からサンスクリットに移され、それが西域に伝わり、ここでいくらか変容が加えられて、中国に伝わった。もちろん、サンスクリットのまま、中国に伝来したものも数多い。そしてそのサンスクリットから漢訳したのであるが、中国ではいったん翻訳が成立すると、その漢訳経典が聖典とされて、サンスクリットの原典・マヌスクリプトはのこらず捨て去られた。中国にあれほど多くのサンスクリット本が伝わりながら、その断片すらも、ずっと古い時代に捨てられてしまった。奇妙なことに、その断片のごく一部がわが国に伝えられ、法隆寺その他に大切に保管された。たとえばよく知られる『般若心経』のサンスクリット本も、その一例である。その他、西域の一部にも、たとえば敦煌などに、ひそかに伝えられたサンスクリット本もある。

経典が以上述べてきたように、長い年月を経てのちに編纂されたものであることが明らかになるにつれて、経典内部の新古の問題がさかんに論じられた。

経蔵にふくまれる経典には、

(1)　韻文のみから成るもの
(2)　韻文と散文とから成るもの
(3)　散文のみから成るもの

の三種類があるが、おおよそ現在までの学者の多くは、これらのうちで、韻文の部分が古く、散文はあとから付随して加えられたのであろうという（この説については、中村元博士のくわしい説明がある。すなわち中村元『原始仏教の思想・下』の「第六編〈付論〉原始仏教聖典成立史研究の基準について」春秋社）。しかしわたくしは散文の部分にも、古い思想がかくされていると信ずる（拙著『初期仏教の思想』参照）ので、まず前者を取りいれつつ、後者も考慮しながら、以下に初期仏教の思想を論じて行きたい。

基本的立場

ゴータマ・ブッダは前にも記したように、対機説法によって、人々をみちびいた。その人々――多くはなにごとかに苦しみ悩んでいる人々――の訴えを聴いて、かれらを安らぎの境地にもたらした。しかしブッダは、人間の力を絶した創造者としての神のごとき、また祈禱・呪術・密法・魔力をもちいる神のごときを廃止し、また不可思議で超自然的なものも斥けた（仏伝にあらわれるこれら神通のようなものは、おそらく後世の粉飾・付加であろう）。

ブッダの教えは、この現実においての苦しみをこの現実において解決しようとするものであった。その意味において、ブッダは、初期仏教は、総じて仏教は、現実を直視し凝視する現実主義であった。

ここにいう現実主義とは、今日いわゆる功利主義とむすびついたそれではない。また現実におぼれて理想を忘れる現実主義ではない。そうではなくて、あくまで地上の人間として、苦しみを内に抱き、欲望に眼のくらむ人間でありながら、その苦の消滅、欲望の超克を、この現実世界において実現し、しかも理想の境地であるニルヴァーナ（涅槃、安らぎ）を、天上のどこかに掲げるのではなくて、現実において獲得しようとするものである。もちろん、祈りもある。しかしその祈りは、誓願という形をとってそれを（不思議な神のごとき万能者・絶対者の力を借りることなしに）必ずやみずから実現しようと努力をつみ重ねて行く。

現実における実践、そしてさとりこそが、一切の根本にあり、基本である。一つ一つの実践が現実につねにかかわりあい、現実の多くの問題を解決していく。先に述べたゴータマ・ブッダの最後のことば、

怠ることなく精進努力せよ。

に、ゴータマ・ブッダの、仏教のすべてがかかっている。

この立場に即して眺めるならば、まず苦の問題が生ずる。それはふり返って、自己（我）の問題に発展する。自己を見つめていくと、心の問題が生ずる。また自己のあり方の問題も生ずる。同時に、自己と他人との問題が生ずる。このあとの二つの問題から、因果関係（縁起）の問題が生ずる。さらに最高の真理（諦）となるべきものは何かの問題が生ずる。自己

やもののありかた（法）の問題も生ずる。実践の指針（中道・八正道）の問題が生じてくる。これらはあとにつぎつぎと述べていくことにしよう。

その前に一つ、基本的立場にかかわる問題がある。それは当時の形而上学に対する態度の問題であった。それについて少しくわしく述べてみよう。

ゴータマ・ブッダの活躍した時代は、非常に多くの議論が自由奔放におこなわれており、たとえば六十二見といわれたほどであった、ということは先に述べた。そのなかに、つぎのような難問《アポリア》が流行していた。

A　①世界は常住である。②世界は無常である。（世界は時間的には限定されていないか、いるか？）

B　③世界は有辺である。④世界は無辺である。（世界は空間的に限定されているか、いないか？）

C　⑤身体と霊魂とは一つである。⑥身体と霊魂とは別である。

D　⑦人格完成者（如来）は死後に生存する。⑧生存しない。⑨生存し且つ生存しない。⑩生存しないし且つ生存しないのでもない。

これを「十難」と称する。

さらに右のAとBとに、

A　①と②とのあとに、㋑常住であり且つ無常、㋺常住でもなく且つ無常でもない。

B　③と④とのあとに、㋩有辺であり且つ無辺、㋥有辺でもなく且つ無辺でもない。

これを「十四難」と称する（これは明らかに「十難」の変形である）。

この「十難」を掲げる経典はパーリ文と漢訳を合わせて二十、「十四難」は漢訳のみに六あり、さらに、これらの一部を述べたり、またさらに変形したものを加えると、合計五十三に及ぶ。

ゴータマ・ブッダに対しても、何度もこの難問がつきつけられた。ブッダはこれに対して、つねに「無記」を通した。すなわち解答をしなかった。

それではなぜ答えなかったか。それらが無限につづく形而上学的問題に属するからである。

ブッダは言う。

ここにわたくしが（いずれとも）断定して説かなかったことは、断定して説かなかったこととして了解せよ。……「世界は常住である」などということは、わたくしが断定して説かなかったことである。何故にわたくしはこのことをいずれとも断定して説かなかったのか？　なぜならば、このことは目的にかなわず、清らかな修行の基盤とならず、世俗的なものを厭い離れること、欲情から離れること、煩悩を制し滅すること、心の平安、すぐれた智慧、正しいさとり、ニルヴァーナのためにならないからである。

またある経典は、ここに興味深い毒矢の譬喩を述べる。

ある人が毒矢に射られて苦しんでいるとしよう。かれの親友・親族などは、かれのために医者を迎えにやるであろう。しかし矢にあたったその当人が、「わたしを射たものが、王族であるか、バラモンであるか、庶民であるか、奴隷であるか、を知らないあいだは、この矢を抜き取ってはならない。またそのものの姓や名を知らないあいだは、抜き取ってはならない。またそのものは背が高かったか、低かったか、中ぐらいであったか、皮膚の色は黒かったか、黄色であったか、あるいは金色であったか、その人はどこの住人であるか、その弓は普通の弓であったか、強弓であったか、弦や矢がらやその羽の材料はなんであったか、その矢の形はどうであったか、こういうことが判らないあいだは、この矢を抜き取ってはならない。」と語ったとする。それではこの人は、こういうことを知りえないから、やがて死んでしまう。それと同様に、もしもある人が、「尊師がわたしのために〈世界は常住であるか、常住ではないものであるか〉などということとについて、(いずれか一方に) 断定して説いてくれないあいだは、わたしは尊師のもとで清らかなおこないを実修しないであろう。」と語ったとしよう。それならば、修行を完成した師はそのことを説かないのであるから、そこでその人は死んでしまうであろう。

そもそも実践を離れた無益な論争を、ゴータマ・ブッダは斥《しりぞ》けた。もっとも古い資料の一つといわれる『スッタニパータ』の「アッタカ・ヴァッカ」(八つの詩句の章) のなかにつぎのような詩句がある (洋数字は詩句の番号)。

832 (特殊な) 哲学的見解を保持して論争し、「これのみが真理である」という人々があるならば、なんじはかれらにいえ、「論争がおこってもなんじと対論するものはここにいない。」

839 師は答えた、「マーガンディヤよ、見解によっても、学問によっても、知識によっても、戒律や道徳によっても清らかになることができる、とわたくしが説くのではない。無見解・無学・無知識によっても、戒律や道徳を守らないでも、清らかになることができる、とも説かない。それらを捨て去って、固執することなく、こだわることなく、平安であって、変化的生存を願ってはならぬ (これが内心の平安である)」。

886世のなかには多くの異なった永久の真理は存在しない。ただ永久のものだと想像しているだけである。かれらはもろもろの見解に関して思索考究をおこなって、「(わが説は)真理である」「(他人の説は)虚妄である」と二つのことを説いているのである。

907(真の)バラモン(=ブッダ)は他にみちびかれるということがない。またもろもろの教えについて、断定して固執することもない。それゆえに、もろもろの論争を超越している。他の教えをもっとも勝れたものだと見なすこともないからである。

912聖者は、この世でもろもろの束縛を捨て、論争がおこったときにも、一方にくみすることがない。かれらは、不安な人々のうちにあっても安らかで、泰然として、執することがない。——他の人々はそれに執著しているのだが。

これを要約して、

837わたくしはこのことを説く、ということがわたくしにはない。もろもろの事物に対する執著を執著であると確かに知って、もろもろの見解における(過誤を)見て固執することなく、省察しつつ内心の安らぎをわたくしは見た。

心と主体

右の意味内容とほとんど同じことを、同じ『スッタニパータ』につぎのようにいう。

470心の執著をすでに断じ、なんらとらわれるところがなく、この世においてもかの世においてもとらわれるところがない人格完成者（如来）は、献供を受けるに値する。

ここに「心」（マナス）ということばを出して、先の詩句の意図をさらに鮮明にする。

この『スッタニパータ』とならんで、やはり最古の資料の一つに、『ダンマパダ』(Dhammapada 法句経《ほっくきょう》）という、わずか四百二十三の詩句からなる小さな経典がある。このなかに説かれるところは、いちいち含蓄《がんちく》のふかいもので、味読するのにふさわしい。パーリ語からの邦訳は十種類以上もある。そのなかから、まず心と主体ということをテーマにいくつかの例文を引いてみよう（洋数字は詩句の番号）。

先にものべたように、ブッダの時代の新しい空気は、基本的には豊かな物質生活にささえられていた。みちあふれる農産物と商品とが人々の生活を満足させ、その欲望はいっそう増大して、ますますぜいたくを求め、いわば物質万能の風潮がみなぎっていた。ブッダはこのなかで心を見つめよと教える。

1多くのものは心に支配され、心を主とし、心よりなる。

もしも人が汚れた心をもって語り、またおこなうならば、
かれに苦がしたがうことは、あたかも車を引く牛馬の足に車輪がしたがうごとくである。
2多くのものは心に支配され、心を主とし、心よりなる。
もしも人が清浄《しょうじょう》な心をもって語り、またおこなうならば、
かれに楽がしたがうことは、あたかも影が〔形にしたがって〕離れないごとくである。
183あらゆる悪をなさず、善を実行し、自己の心を浄《きよ》める。これがほとけたちの教えである。

しかしながら、そのような心の現実の姿はどうか。

33心は騒ぎ、動揺し、守りがたく、抑えがたい。
賢者はこれを直《なお》くすることが、あたかも矢師が矢を〔直くする〕ごとくである。
35とらえがたく、軽率で、欲情にしたがって動く心を制御することこそ、喜ばしい。制御された心は安楽をもたらす。

このようにして、
39心に煩悩《ぼんのう》がなく、思慮に迷いがなくて、善悪を超越し、めざめた人には、恐怖がない。

233心の怒りを防ぎ、心を制御せよ。

心の悪行をすてて、心によって善行をおこなえ。

5およそこの世において、怨みは怨みによってやむことはない。

怨みをすててこそ、はじめてやむのである。これは永遠の真理である。


それならば、だれがこの心の主体であり、だれがこの心を制御し、煩悩・怨み・悪行をなくしていくのか。

その主体は自己である、とこの経典はくりかえし説く。


160自己のよりどころは自己のみである。他にどのようなよりどころがあろう。

自己がよく制御されたとき、人はえがたいよりどころを獲得する。

165みずから悪をなして、みずから汚れる。みずから悪をなさず、みずから浄められる。

……人は他人を浄めることはありえない。

236なんじみずから自己のよりどころをつくれ。すみやかに努めよ。賢者となれ。

380じつに自己こそ自己の主であり、自己こそ自己のよりどころである。


以上のほか、さきに述べた「自燈明《じとうみょう》、法燈明」ということばも、なじみぶかい。そこには、みずからを燈明とし、みずからをよりどころとして、他人をよりどころとせず、法を燈明とし、法をよりどころとして、他をよりどころとせずに住せよ。

とある。これはいわばブッダの遺言のひとつであった。

先の心とおなじように、自己は動揺しやすく制御しがたい。

159もしも他人に教えるとおりにみずから実行するならば、〔みずから〕よく制御されて、他人を制御することができよう。実に自己は制御しがたいものである。

252他人の過失は見やすいけれども、自己の〔過失〕は見がたい。人は実に他人の過失をまきちらすけれども、自己の過失はおおいかくす。

50他人の過失を〔見る〕なかれ、他人のなすこと、なさないことを〔見る〕なかれ。ただ自己のなすこと、なさないことのみを見よ。

三法印

『ダンマパダ』をつづけよう。そこには、

277 一切のつくられたものは無常である。
278 一切のつくられたものは苦である。
279 一切のものは無我である。

といい、そのあとに右の三句ともつぎのおなじ文章がつづく。

そのように智慧をもって見るとき、多くの苦を厭《いと》う。これが清浄への道である。

三法印とは、これが仏法だと印がおされる意味であり、右の『ダンマパダ』だけではなく、初期仏教経典にはしばしば登場する。漢訳では、

諸行無常《しょぎょうむじょう》、一切皆苦《いっさいかいく》、諸法無我《しょほうむが》

と称する。やがてこの三法印に、

涅槃寂静《ねはんじゃくじょう》

がくわえられて、さとり（ニルヴァーナ、涅槃）のやすらかで平和な世界が浮き彫りにされる。こうして四法印が成立し、そしてそのなかから「一切皆苦」のおちた三法印がのちに説かれるようになる。

三法印は、そのなかに「一切皆苦」をうたう。これは明らかに「苦の現実」を直視した姿であり、三法印の出発点である。以下に述べる四諦説《したいせつ》は、通常「苦・集・滅・道」の四諦（苦諦・集諦・滅諦・道諦）といわれるが、この術語を初期仏教経典でくわしく調査してみると、それは、かならず「苦」について述べているのであって、上述のように、苦諦（苦に関する真理）、苦の集諦（苦がいかにして生起するかの真理）、苦の滅諦（苦をいかにして滅するかの真理）、苦の滅にいたる道諦（苦を滅する実践に関する真理で、この内容が八正道である）といわなければならない。また中道が「不苦不楽の中道」といわれる場合、この「苦」とは苦行をさし、出家してのち六年間の苦行をいい、一方「楽」は出家以前の楽にみちた生活をさす、と説明されることが多い。しかしながら、それだけで「苦」は、また「楽」は尽きるとはわたくしは考えない。それについては、すぐあとに記す。縁起説については、別の節で論ずるが、「苦」についての関連だけを見てみると、次のことが注目されなければならない（しかもこのことは、これまでほとんどの解説が触れていない）。すなわち、縁起説には、もっとも形のととのった十二縁起（十二因縁）をはじめ、種々なる縁起説が説かれているけれども、そのいずれの縁起説をとっても、かならず生老病死《しょうろうびょうし》ということが出てくる。しかも、実は、縁起説はその生老病死でおわりではない。そのあとにかならず、憂悲苦悩、総括して「苦」がともなわれているのである。縁起説を大別すると、無明《むみょう》ではじまるものと、渇愛ではじまるものとに分けられるといわれるが、それらが生・老死まで数えて、五支（ないし六支）縁起とか、また十二支縁起とかいうのは、それに続く「苦」をおとしているのである。しかも縁起説は、そのあらわれたもとの姿を見てみると、無明ないし渇愛をまず先に立てて、それから生・老死にいたる系列を追っているのではなくて（それでは種々なる縁起説が立てられた理由が全然わからない）、それとは反対に、生・老死、いな、実は苦の現実を見つめ、その苦、老死の原因をさかのぼって生に行き、生から有に行き、と、さかのぼって、あるものは渇愛に至り、さらにあるものは無明にまで至ったと見るべきである。とすれば、縁起説も（三法印において一切皆苦が原点におかれているのと同じように）、老死というよりも、むしろ、さらにその根源の苦を起点として考察しなければならない、ということが判然とするであろう。以上のように、三法印、四諦、中道、縁起など、初期仏教の法の大部分は「苦」からはじまっているのである。このことをわたくしたちは、どのように考えるべきであろうか。

　さらに根源にさかのぼって、いったい仏教は、どうしてはじまったかを考えてみなければならない。それは、ブッダの成道＝さとりにはじまる。しかしさらにその根源は何か。それはゴータマ・ブッダの出家である（このときはまだブッダとはなっていない）。この出家はいったい、何にみちびかれたのか。多くの仏伝に明らかにされているように、浄飯王の長子として生まれ、育ったゴータマ・シッダッタには、なんの物質的な苦しみも、肉体的な苦痛もなかった。まことに安穏《あんのん》な、無事で、平和な一王子であり、すべてに恵まれて、いわば楽につつまれた毎日であった。それがなぜ、その地位を捨て、妻子眷族《けんぞく》を捨て、一切を放棄して出家の道をとったのであろうか。

仏伝には、ここに四門出遊の物語をつけ加えるものがある。すなわち、東西南北の四つの門のそれぞれに、老と病と死と出家者とを見て、それによって深い反省をおこして、あえて出家の道をえらんだ、とする。このような物語の詮索《せんさく》は、ここでは問題としない。老と病と死とに見られる「苦」の問題こそが、ここのテーマなのである。どんなに恵まれた肉体をもち、どんなに楽にみちた生活を送り、どんなにはれやかな環境にあっても、老・病・死に象徴される「苦」を、人間は、いな、生あるものは、すべて避けることができない。「苦」とは、そのようなものである。あらゆる人間、生あるものが、みずから抱《いだ》いているもの、願わず、望まず、避けようとしても、避けられないもの、それが「苦の現実」である。そして、それがブッダのさとりの、さらにさかのぼって、出家の根源にあったのである。

ここで、苦の語義を一応考察しておこう。苦とはサンスクリットでドゥカ duḥkha（パーリ語でドゥッカ dukkha）の訳語である。その原語は、語義としては「うまく行かない」、「するのがむずかしい」という意味で、文法的に不変詞としても用いられる。また名詞となって、「望みどおりにならないこと」になり、それが苦、苦しみ、悩みとなる。不安と訳す学者もある。

さらに苦については、初期仏教経典に次のような説明がある。そのひとつは、いわゆる四苦八苦である。四苦とは、生・老・病・死の四つ、そして、それに「愛別離苦《あいべつりく》」（愛するものと離れる苦）、「怨憎会苦《おんぞうえく》」（うらみにくんでいるものと会う苦）、「求不得苦《ぐふとくく》」（求めるものが得られない苦）、「五蘊盛苦《ごうんじょうく》」（以上を総括して五つのあつまり＝一切は苦である）を加えて、合計八苦とし、ここに四苦八苦の語が生まれる。つぎに、苦苦、壊苦《えく》、行苦《ぎょうく》の三苦をあげるものがある。これは、おそらく、やや後代の説であろうが、多くの経論に見られる。右の三苦のうち、苦苦という語は、苦に二つの意義があることを示している。すなわち、寒熱飢渇など、わたくしたちが通常苦とするものが、苦苦の最初の苦であり、それをわたくしたちが避けられないことを、いいかえれば、わたくしたちの本来の姿が苦であることを示すのが、苦苦のあとのほうの苦である。また壊苦とは、楽が破壊してこわれて行くときにわたくしたちのなかにそれを惜しむ心が生ずる、それを苦としてとらえていったもの。そして行苦とは、一切の諸行のありかたを苦とする。そのほか、たとえば望月信亨『仏教大辞典』（第一巻六三四ページ）を見れば、実に種々なる苦の説かれていることがわかる。いずれにせよ、わたくしたちはいま苦の語義と用法を探って、その本質ともいうべきものに次第に近づいてきたと考えられる。すなわち、三苦の苦苦に示されたとおり、苦は、いわば現象的な苦と、本質的な苦との二種類があるのであって、そのうちの後者こそ、わたくしがいままで追究してきたものであった。

上述のように、苦とは、望んだものでもなく、願ったものでもない、いな、反対に、避けようとして避けられないわたくしたちの本来の姿なのである。しかもそれが、わたくしたちにせまってくる。このような苦のありかたに、その語義を加えて、わたくしは、この苦を現代のことばにおきかえて、「自己矛盾」ないし「自己否定」と表現しようと思う。思うようにならない、欲するとおりにならない、それればかりか、欲するところにそむくのである。しかもそれは、わたくしのそとなるものが、わたくしにそむくのではない。わたくしのそとから強制されてそむくのでもない。わたくしがわたくし自身にみずからそむいているのである。わたくしがわたくし自身の欲するところを、みずからやぶって行くのである。わたくしのそとなるものからくる苦は、苦苦の最初の苦であり、それは現象的なものであり、避けようとすれば多くの場合、避けられる。いいかえれば、自分の欲するところを変えれば、それは自分に届かないですんでしまう。そしてそのような苦は、また耐えることもできるし、とおりすぎるのを待つこともできる。しかしながら、自己の内部にあって自己にそむくもの、自己の内部に自己矛盾を生み出すもの、それは本質的にわたくしたちの内部に根ざし、わたくしたちに先天的なるものであり、避けようとして、すなわち自分の欲するところにしたがって、避けることのできないものなのである。自己が自己にみずから招いているのである。

このような苦の例は、決して少数ではない。さきの四苦八苦は、その一典型にすぎない。すなわち、わたくしはわたくしの望み・願いとはかかわりなく、このようなものとして、このような時代に、このような素質をもって、このような環境に、わたくしは生じたのである。わたくしはもっとほかのものを、時代を、素質を、環境を願っても、わたくし自身の生存が現にあるものをわたくし自身に課している。老といい、病といい、死といい、それらはわたくしの願わないものである。しかしわたくし自身は自身にかならず生・老・病・死をはらみ、わたくし自身をほろぼして行く。愛別離苦以下のものも、わたくしはどれほど努力し、精進しても、やはりわたくし自身がみずから招くものであって、むしろ求不得苦に象徴されるように、わたくし自身は、かえって得られないものを求めようとすることさえあるのではないか。その第一が、自我というものである。わたくしは自分の身長を自分の思いのまま十センチものばすことはできない。眠るまい、眠ってはならぬと自分に命じながら、その自己はいつか眠っている。逆に、眠ろう眠ろうとして、わたくしはなかなか眠ることができない。自我は、そのようにわたくし自身御《ぎょ》しがたいものであり、とらえがたいものである（これが諸法無我である）。

それならばこの苦は何を原因とし何を理由とするのか。それを示すあるものが、四諦のうちの集諦《じったい》であり、三法印のなかの諸行無常であり、そして三苦のうちの行苦である。すなわち、一切のものは行《ぎょう》として、しかも、それは無常としてある。固定し、不動であり、不変であるということが、根源的に否定されているのである。わたくしたちが自分に願うもの・望むものをつきつめて行けば、それは常である。永遠性であり、実体であり、確実性であり、真理性であり、そして無限性である。たとえ破壊をめざしながら、そして、みずから常をふみやぶろうとしているものさえも、それは既存のものの常の破壊をはかっているだけであって、自己自身の破壊を望んでいるのではない。既存のものを破壊しようとするその信条そのものは、常だ、と思いあがっている。それすらも、しかしながら常ではない。一切の諸行は無常である。永遠性をもたず、実体を欠き、確実性も真理性もない。すべて有限であり、無限であることはできない。ここからも、自我の否定が出てくる。そして、それがわたくしたちの現実なのである。

すなわち、現実の根源的な反省によって、自己にそむき、自己をみずから否定する苦の現実を、時間的な最初の原点として出発し、さらに、その論理的な理由と原因とを探って、無常にいたり、それを論理的な始元としてつかみとる、それが初期仏教の法＝教え（の根本）であるということができる。

以上のような、無常—苦（—無我）の説明は、これまで、ほとんどだれからもなされなかった。しかしながら、右のように考えなければ、わたくしは、無常—苦のもっている宗教的意義がとらえられないし、また、ブッダの教えを聞いて、非常に多くのひとびとがそれに打たれ、感動して、ブッダのもとへ走るというようなことはなかったであろう、と思われる。すなわち、無常—苦を通じて、ブッダは、わたくしたちの、生あるもののもっとも赤裸々な姿を明確にわたくしたちに訴えているのである。

また右のように考えるならば、上述の「不苦不楽の中道」も、たんなる苦行と楽行との否定だけとは考えられない。苦行は、いうまでもなく、修行のためのひとつの手段にすぎない。しかしそれは直ちに自己目的化される。これこそ自己矛盾にほかならない。そのために、苦行によってさとり＝解脱《げだつ》が求められるべき本来の姿は、容易に逸脱して、苦行の苦しさのみを増加させつつ、その自己賛美におわっている。楽行については、さらにいうまでもない。そのような苦行・楽行からのたんなる超越を、中道といったのではない。不苦は、文字どおり自己矛盾の否定である。不楽は、楽を自己中心と考えるならば、また、それの否定である。自己矛盾も自己中心も否定される。これは、否定しようとして、否定したところで、簡単に否定されるものではない。それゆえにこそ、自己矛盾も自己中心もつねに自己に存在して、苦の現実がここにある。その否定は、いいかえれば、苦そのものの端的な否定である。しかしそれは、中道という実践のたゆまざる精進によってのみ、はじめて達せられるものである。なにかの一切にわたくしたちはすがろうとする。それは、たちまちにして執著となり、煩悩となり、自己矛盾をもたらし、自己は破綻《はたん》する。そのようなとらわれを、一切どこまでも排して行く中道の実践が、はじめて苦を否定するし、さらに苦を超《こ》えることができる。

ニルヴァーナ

三法印の一つとなった「涅槃寂静」のサンスクリットは、涅槃はニルヴァーナであり、寂静はシャーンタである。これは仏教における理想の境地をあらわしている。

当時の宗教家の理想・目的は、また「安穏」(ケーマ)、「おだやか」(サンティ)、「安楽」(スッカ)、「幸福」(ソッティ)、「不死」(アマタ)などとも呼ばれていた。また理想の境地を「彼岸」(パーラ)と表現し、上述のように苦に満ちている「此岸」(イハ、イダハ)と対応させる。このような此岸―現実から、彼岸―理想の境地に達することを、インド哲学一般は「解脱《げだつ》」(ヴィモッカ、ヴィムッティ)と呼ぶ。すなわち、此岸で現実のからみあい、まきついている一切の束縛から離脱して、彼岸にいたることであり、これがインド哲学・宗教一般の最高の理想であった。とくに輪廻《りんね》の思想の濃いインドでは、このことは痛切に感じられたにちがいない。

仏教は(ジャイナ教もそうであるが)この最高の境地を、上述のようにニルヴァーナと呼ぶ(パーリ語ではニッバーナといい、漢字で涅槃《ねはん》、泥洹《ないおん》と音写する)。これは「動揺をしずめる」「しずかに落ち着かせる」という意味の用例もあるが、ふつうは、「(炎が)消えて滅びたこと」あるいは「(炎が)消えてなくなった状態」を意味すると考えられている(ニルヴァーナ nirvāṇa は、nir + vā または nir + vṛ の語源が考えられる。前者は風が吹くこと、後者は火の消えることをいう。中部インドは暑熱の国である。そこに火が燃えればますます暑い。そこに一陣の風が吹いて、火がふっと消えると、ひとしきり冷気がただよい、人は一息いれる)。ゴータマ・ブッダの入滅をたたえていう。

　動揺することのない聖者が、
　静けさに達してなくなられたとき、
　心の安住せるこのような人には、
　呼気も吸気もなかった。
　たじろがぬ心をもって、苦痛を耐え忍ばれた。
　その心の解脱は、
　あたかも燈火の消滅するがごとくであった。

「寂静」「やすらぎ」がサンスクリットはシャーンティ、パーリ語はサンティであることは、前に記した。このシャーンティは、シャム śam という動詞からつくられ、その動詞の意味は「完了する」(finish) というほかに、「破壊する」(destroy, distingish) をあらわすこともある。後者は明らかに否定的のことばであり、またニルヴァーナに限りない否定の要素のあることも、先の説明からみちびかれよう。

　してみれば、最高の境地、理想の境地は、まさしく此岸に対する彼岸のように、現実―此岸に立っているものの否定である。宗教的なことばでおきかえるならば、俗に対する聖であって、ここには必ず否定が介在しなければならぬ。

　しかし注意すべきことは、仏教では、否定が唯一回の否定でおわるものではないということである。否定が一次的の否定だけではない。否定がまた否定を生む。そうして聖は俗に、彼岸は此岸に、理想は現実に、いったんいわば生まれ変わって、むしろ積極的にはたらきかける。この意味からするならば、ニルヴァーナは、またシャーンティは、「絶対の平和」ということができるであろう。

四諦八正道

諦《たい》とはサンスクリットで「サトヤ」、パーリ語で「サッチャ」といい、もともと「存在する」(アス)という動詞からつくられたことばであって、それが転じて、「真理」「真実」をあらわす。この諦=真理は、しばしば聖諦=神聖なる真理(あるいは聖者によって明らかにされた真理)ともいわれ、四諦は四聖諦《ししようたい》とも称せられる。

　なお「諦」は訓はアキラム・アキラメルである。これはたとえばわが国の道元の『正法眼蔵』に「生を明らめ死を明らむるは仏家一大事の因縁なり」とあるように、「アキラカニスル」という意味であった。それがいつのまにか、断念や放棄を意味するようになってしまった。

四聖諦は苦・集・滅・道の四つである。これをさらにくわしく証明すればつぎのようになる。

(1)「苦諦」は、人生はもとより、一切の生あるものは苦である、という真理である（このことはすぐ前に説明した）。

(2)「集諦《じつたい》」は正しくは「苦集諦」であり、「集」は「生」と同じ意味であって、あるいは原因と解してもよい。苦がどのようにして生ずるか、人生が苦であることの原因は何か、を明らかにする真理である。多くの経典の説くところによると、それは渇愛（欲望、タンハー）にもとづくという。渇愛とはのどが渇いている人が水をしきりと欲し求める状態をいう。それはあらゆる欲望の根柢になるほどの欲望であり、満たされえない欲望であって、それはさまざまな形をとってあらわれ、仏教でいう煩悩はその一つの姿である。煩悩の分析は、のちのアビダルマ仏教の説明においてくわしくおこなわれる。

ともあれ多くの場合、欲望が人を動かしていることは確かである。しばしば渇愛は、欲愛（感覚的・情欲的な欲望）・有愛（生存の永続への欲望）・無有愛（生存の断絶への欲望）の三つに分類される。

(3)「滅諦」は正しくは「苦滅諦」であり、右の「集諦」によって苦の原因が知られる以上、それを、すなわち渇愛を断ち切り、滅し去って、心がまったく自由になり、最高の理想―ニルヴァーナに達し、ニルヴァーナを実現するという真理である。

(4)「道諦」は正しくは「苦の滅にいたる道諦」であって、現実の実践活動をいい、それはつぎの八つからなる。

①正見　正しいみかた。ありのままに見ること。四諦の自己認識。
②正思　正しい考え。
③正語　正しいことば。
④正業　正しい行為・実践。
⑤正命《みょう》　正しい生活。
⑥正精進　正しい努力。
⑦正念　心にじっと正しく見つめること。正しい思念・注意力。
⑧正定　正しい精神統一。瞑想。禅定。

この八つを「八正道《しょうどう》」といい、仏教の実践の根本となる。

中道

ゴータマ・ブッダは、王子のころ、快楽に満ちた生活を送っていた。いったん出家してからは、一歩誤まれば死に瀕するほどの苦行を経験した。そしてすでに述べたように、その両者をともに捨てた。これが不苦不楽の中道といわれるものである。楽行は別として、苦行はもともとさとりをめざし、さとりにいたる手段でありながら、その手段がいつか目的視されて、エスカレイトするばかりである。ブッダは楽行と苦行との二つを実際に体験してみて、両者から離れる中道を選んだのである。

人はともすると、ある一つの極端を選ぶ。そのほうがすべてにつけて実践しやすいからである。その狭められた極端のなかにいて、自分の気にいらないものをすべて圧殺しようとする。きわめて簡単な価値判断がそこに生まれて、ただ慢心と執著とがある。それはおよそ人間性を無視した図式的なものとなりやすい。たとえば富、たとえば名誉、たとえば権勢、たとえばイデオロギーなど、それで万事が解決できると考えて、強引に解決しようと計る。もしもいったんそれが破局に立って、完全な失敗・敗北であることに気がつくと、今度はこれまでと正反対の極端にとびついて行く。

それは個人、とくに若い血気にあふれた青年に多く見られ、また個人の集団の社会や国家にもしばしば見られる。

それらの極端にいながら、人はそれが極端であることに気がつかない。失敗してはじめて気がつくときは別の極端にいて、それがまた極端であることに気がつかない。

極端のことを、仏教では「辺」（アンタ）という。一辺にとりつかれて、いわゆる一辺倒になっている場合、その倒は「いたる」というよりも、「さかだち」しているのである。そしてさかだちをしていると、他人がことごとくさかさに見える。

この辺には右に述べた苦と楽だけではない。有と無というのも二辺である。断と常というのも二辺である。またいくつかの二辺が考えられるであろう。仏教は、この二辺を離れるべきことを、ゴータマ・ブッダ自身の経験から得て、中道をそのスローガンとした。

もしも辺にとどまることが人間の通癖であれば（そのほうが居心地がよいのであれば）、その辺を否定し、しかしその否定がその通癖によって他の辺に傾くならば、それをもまた否定する。ここでは二重の否定がなされなければならない。その二重の否定によってひろげられた視野は、すでに二つの辺を知っていることによって、ゆるがないものとなり得る。中道は二辺のあいだをうろつきまわることでは決してない。中道の途は、実はきびしい人生の智慧なのであることが、こうして知られるであろう。

法

「法」はサンスクリットの「ダルマ」、パーリ語の「ダンマ」の訳語である。ダルマ(dharma)はdhrという動詞からつくられ、この動詞は「担う、保つ」という意味である。したがって、ダルマ（法）は「保つもの、担うもの」であり、人倫の秩序を保つもの、すなわち、きまり、規範、慣例、義務、社会秩序、さらに、善、徳、真理などの意味に用いられた。パーリ語のダンマについて、五世紀にセイロンでめざましい活躍をした仏教の大学者ブッダゴーサ（仏音）によると、ダンマには、①属性、②教法（あるいは因）、③聖典、④物、の四種の用法があるという。

初期仏教の「法」説には、五蘊《ごうん》説と六入《ろくにゅう》説とがある。

五蘊説の蘊とはあつまりの意味であるから、五蘊とはつぎの五つのあつまりをいう。

(1) 色《しき》（ルーパ）―いろ・かたちのあるもので、感覚的・物質的なるものをいい、肉体もこれに入る。
(2) 受《じゅ》（ヴェーダナー）―感じてあらゆるものを受けいれる作用。
(3) 想《そう》（サンニャー）―表象作用、すなわちイメージを構成すること。
(4) 行《ぎょう》（サンカーラ）―潜勢的な形成力で、能動的な心のはたらきをいう。
(5) 識《しき》（ヴィンニャーナ）―了別といわれ、認識・判断の作用。

この五つがあつまって、人間の自我を形成しているが、自我については、先に論じたように、無我であり、したがって「五蘊無我」という術語を生じた。

六入説は人間の認識の手段方法の区分にもとづいてたてられた。六入（または六根）とは、眼・耳・鼻・舌・身・意《こころ》。

でこれはつぎの六境（六つの対象）と対応する、

色・声・香・味・触・法。

そしてこの両者が合すると、

眼識・耳識・鼻識・舌識・身識・意識。

の六識が生ずるといわれる。

最初のものが六入で、とくに六内処ともいわれ、つぎの六境は六外処ともいわれ、合わせて十二処といい、最後の六識を加えて、十八界（「界」は要素）という。この分類法は、初期仏教では比較的おそく成立したようであり、のちの部派仏教ではさかんに論じられる。

縁起（十二因縁）

右の五蘊・六入の説にも見られるとおり、仏教は当初から分析と総合とにすぐれていた。そのもっとも典型的なものが、この縁起説であろう。

上述のように、縁起説の一種である十二因縁説はゴータマ・ブッダ成道の内容とされているが、初期仏教経典には十二因縁よりはるかに素朴な因縁説が数多くある。したがって十二因縁を成道の内容とするのは、あきらかに後代の経典編纂者のなしたことであろうが、いっぽうその十二という数に固定されない縁起説の原形（プロトタイプ）的なものが、成道の内容であったかもしれない。

サーリプッタが仏弟子になったのも、経典の記述は一致して、アッサジの説いた「因縁頌」による、としている。それは、

もろもろのことがらは因から生ずる。
真理の体得者（如来）はそれらの因を説きたもう。
またそれらの滅をも説かれる。
偉大なる修行者はこのように説かれる。

このような因から果を生ずる一種の因果律的なるもの（それは縁起説の一側面である）によって、サーリプッタが、モッガラーナおよび二百五十人の弟子をひきいて仏弟子になった

ということが事実であるとすれば（その確率はかなり高い）、縁起の考えそのものは、かなり古いものである、ということができよう。

「縁起」とは「縁って」（パティッチャ）「起る」（サムッパーダ）ことをいうのであるけれども、初期経典に説かれる縁起説は、必ずその相縁る支分を明示しつつ述べているのであって、縁起という一種の抽象的な原理が述べられているのではない（これが後代の縁起説と異なるところである）。その意味でたんに「縁」（ニダーナ）ともいう。すなわち、初期経典は、たとえばAに縁ってBが起こる、またはBはAに縁って起こるとなっており、その具体的なA・Bを離れた縁起説は、初期のものにはない。このような例を『スッタニパータ』から拾い出すと、つぎのものが得られる。

862争闘と争論と憂いと悲しみと慳《ものおし》みと慢心と傲慢と悪口とは、どこから現われて出て来たのであるか？　これはどこから起こったのであるか？　それを語ってください。

863争闘と争論と憂いと悲しみと慳みと慢心と傲慢と悪口とは、愛し好むものにもとづいて起こる。

争闘と争論とは慳みに伴ない、争論が生じたときに、悪口が起こる。

864世間において、愛し好むものは何を縁として起こるのか。また世間にはびこる貪りは、何を縁として起こるのか。また人が来世に関していだく希望とその成就とは、何を縁として起こるのであるか？

865 世のなかで愛し好むもの、および世のなかにはびこる貪りは、欲望を縁として起こる。また人が来世に関していだく希望と（その）成就とは、それを縁として起こる。

866 世のなかで欲望は何を縁として起こるのであるか？　また（形而上学的な）断定は何から起こるのであるか？　怒りと虚言と疑惑と及び沙門の説いたもろもろのことがらは、何から起こるのであるか？

867 世のなかで快と不快と称するものに依って、欲望が起こる。もろもろの物質的存在における生起と消滅とを見て、世のなかの人は（外的な事物にとらわれた）断定をくだす。

868 怒りと虚言と疑惑――これらのことがらも、（快と不快との）二つがあるときに現われる。疑惑ある人は智慧の道に学べ。沙門は知って、もろもろのことがらを説いたのである。

869 快と不快とは何を縁として起こるのであるか？　また何がないときにこれらのものが現われないのであるか？　また生起と消滅ということの意義と、それの縁となっているものを、われに語れ。

870 快と不快とは接触を縁として起こる。接触が存在しないときには、これらのものも存在しない。

生起と消滅ということの意義と、それの縁となっているもの（＝接触）を、わたしはなんじに告げる。

871世のなかで接触は何を縁として起こるのであるか？　また執著は何から起こるのであるか？　何ものが存在しないときに、我執が存在しないのであるか？　何ものが消滅したときに、接触ははたらかないのであるか？

872名称と形態とに依って、接触が起こる。もろもろの執著は、欲求を縁として起こる。欲求がないときには、我執も存在しない。形態が消滅したときに、接触ははたらかない。

873どのように行じたものにとって、形態が消滅するのであるか？　楽と苦とはいかにして消滅するのであるか？

消滅するありさまを、わたしに語れ。わたしはそれを知りたい。——わたしはそのように考えた。

874ありのままに想うものでもなく、誤って想うものでもなく、想いなきものでもなく、想いに消滅したものでもない。

このように行じたものの形態は消滅する。けだし（世界の）ひろがりの意識は、想いを縁として起こるからである。

さらにまた、

1037認識作用が滅することによって、名称と形態とがのこりなく滅する。

このような生起と消滅とを問うことが、初期仏教のなかでおこり、「苦は何に縁って起こるのであるか？」の問いに、「老死に縁って苦が起こる。」ついで「老死は何に縁って起こるのであるか？」の問いに、「生《しょう》に縁って老死が起こる。」「生は何に縁って起こるのであるか？」の問いに、「生存（有《う》）に縁って生が起こる。」云々と、このように生ずる順序を追って行く思索がなされて行く。そしてこの進行と同時に、「苦は何に縁って滅するのであるか？」の問いに、「老死の滅に縁って、苦の滅が起こる。」、ついで「老死は何に縁って滅するのであるか？」の問いに、「生の滅に縁って、老死の滅が起こる。」という思索（これを滅観と呼ぶ）が実践をめざして必ずともなわれた。

いずれにしても、苦に始まって（とはいっても、やがて苦の問題は消えて、つぎの老死から始まるものが普通であるが）老死へ、老死から生へ、生から有へ、と順次にさかのぼって行って渇愛にいたり（そこでとどまり、あるいはさらに進んで行って）、名色《みょうしき》にいたり、識にいたり、あるいは最後の無明にいたるのである。その途中でとどまる例も少なくなく、何度も述べるように、無明にまでいたる（十二）因縁説はもっとも完備したものである。その十二を列挙すれば、無明、行、識、名色、六入、触、受、愛、取、有、生、老死、(憂悲苦悩)となる。これを上から「無明が生ずることによって行が生ずる」云々と並べたものが順観であり、また「無明が滅することによって行が滅する」云々と並べたものが逆観と称せられた。そしてこの十二因縁説が完備したうえで、無明などの各支を捨象して、

これがあるとき、かれがある。これが生ずるとき、かれが生ずる。
これがないとき、かれがない。これが滅するとき、かれが滅する。

といういわば原初的・抽象的な縁起説が続くことになる(ただし独立して述べられることはめったにない)。

このような定式が成立すると、それについて、「仏が世に生まれても、世に生まれなくとも、この縁起の理法は定まったものである。」とまでいわれるようになり、さらに、

縁起を見るものは、法を見る。
法を見るものは縁起を見る。

とまでいわれるようになった。

たしかにこれまで述べて来たテーマ、たとえば四諦説についてみても、集諦と滅諦とがあって、順観と逆観とを用いる縁起説で説明することが、可能となった。縁起説は、こののち、部派仏教でも、大乗仏教でも、あるいは中国仏教においても、大いに発展して、仏教の中心思想のうち、もっとも重要なものとなった。

慈悲

前述のように、初期仏教では、愛ということばは、渇愛という術語の示すように、欲望、煩悩の根源として、きびしく指弾される。愛が自己中心的であり、また多く憎しみに転ずることがあるからである。ヨーロッパには、よく知られているように、他に求めるところの多いエロスの愛に対して、無償の愛であるアガペーの愛が、キリスト教によって知られる（その他、フィリアなどもある）。

こうして初期仏教では、愛を斥けて、慈悲という語を用いる。そもそもゴータマ・ブッダの説法そのものが、凡夫衆生に対する慈悲行であるとする解釈があり、そのブッダは衆生すなわち生あるもの一般への慈悲をあちらこちらに説いた。

慈悲ということばは、もともと慈（メッター）と悲（カルナー）という別々のことばをつらねたものである。慈のサンスクリットはマイトリーまたはマイトラで、それはもとミトラということばにもとづいており、ミトラとは友・親しきものをさす。したがって、慈は真実の友情・純粋な親愛の情をあらわす。悲のカルナーはパーリ語もサンスクリットも同形で、一言でいえば、あわれみ、同情を意味する。慈も悲も、その内容とするところは似ており、しいて区別すれば、慈は他人に楽しみをあたえ（与楽《よらく》）、悲は他人の苦しみを取り去る（抜苦《ばっく》）とされるけれども、それらが逆に使われることもあり、またまとめて慈悲ということばが使用される例が多い。

『スッタニパータ』には、「慈経」と称する十の詩句がある。すなわち、

143ものごとに達した人が、この平安の境地に達してなすべきことは、つぎのとおりである。能力あり、直く、正しく、ことばやさしく、柔和で、思いあがることのないものであらねばならぬ。

144足《た》ることを知り、養いやすく、雑務少なく、生活もまた簡素であり、もろもろの感官が静まり、聡明で、気負い立つこと少なく、もろもろの（ひとの）家で貪ることがない。

145他の識者の非難を受けるような下劣なおこないを、決してしてはならない。一切の生きとし生けるものは幸福であれ、安泰であれ、安楽であれ。

146いかなる生物生類であっても、怯《おび》えているものでも、強剛なものでも、ことごとく、長

いものでも、大なるものでも、中ぐらいのものでも、短いものでも、微細または粗大なものでも、

147 目に見えるものでも、見えないものでも、遠くにあるいは近くに住むものでも、すでに生まれたものでも、これから生まれようと欲するものでも、一切の生きとし生けるものは、幸福であれ。

148 何びとも他人を欺いてはならない。たといどこにあっても、他人を軽んじてはならない。悩まそうとして、怒りの想いをいだいて、たがいに他人に苦痛をあたえることを望んではならない。

149 あたかも、母が自分の独り子を身体を賭しても護るように、そのように一切の生きとし生けるものたちに対しても、無量の（慈しみの）こころを起こすべきである。

150 また全世界に対して、無量の慈しみの意を修すべきである。上に下にまた横に、障礙なく怨恨なく敬意なき（慈しみをおこなうべきである）。

151 立ちつつも、歩みつつも、坐しつつも、臥しつつも、眠らないでいるかぎりは、この（慈しみの）心づかいをしっかりともて。この世では、この状態を崇高な境地と呼ぶ。

152 もろもろの邪《よこし》まな見解にとらわれず、戒を保ち、知見を具《そな》えて、もろもろの欲望に関する貪りを除いた人は、決して再び母胎に宿ることがないであろう。

なお慈悲にあわせて、「喜」（ムディター）と「捨」（ウペッカー）とが説かれるようになった。喜はその人自身の喜びと、同時に、他を喜ばすことをいい、捨とは平静ということで、たとえば他人に何かをあたえても、あたえたことについてまったく平静であって、その返礼をそのひとに期待することはない。したがって、無償といってもよい。この慈悲喜捨はどこまでもひろげられて、これらを四無量（心）と呼ぶようになった。

平等

ゴータマ・ブッダは人を選んで、その人だけに説法するということはしなかった。だれにでも、問うもの・訴えるものに対して、適切な答えをした。みずから平等を実践した。

当時インドには、すでに人間不平等のモデルのようなカースト制度があった。ブッダはこれを無視したばかりでなく、その内容を変えてしまった。すなわちバラモンは徳の高い人とされていたが、それは従来バラモンの家に生まれたからであったものを、ブッダはそのおこないが正しいからであるとした。

『スッタニパータ』にはつぎのようにいう。

650 生まれによってバラモンなのではない。生まれによって非バラモンなのでもない。行為によってバラモンなのである。行為によって非バラモンなのである。

462生まれを問うことなかれ、おこないを問え。……賤しい家に生まれた人でも、聖者とし
て道心堅固であり、慚愧の心で慎むならば高貴の人となる。

こうして、バラモン＝高貴の人の根源は、そのひとの行為によるとした。

621すべての束縛を断ち切り、怖れることなく、執著を超越してとらわれることのない人、
――かれをわたくしはバラモンと呼ぶ。

635こだわりあることなく、さとりおわって、不死の座に達した人、――かれをわたくしは
バラモンと呼ぶ。

この平等はとくに教団内において徹底していた。バラモン出身のゆえに上位であることもなく、シュードラ（奴隷）出身のゆえに下位であることもなかった。出家以前の階級とか身分上の区別はすべて消滅し、みな一様に「釈子」となる。教団における席次は、出家以来の修行の年数によって、決定されていた。

教団と実践

仏教の教団を「サンガ」（僧伽）と呼ぶ。それは、おそらく最初期には、ゴータマ・ブッダを師とし、仏弟子がそれにしたがって形成された。ひとりの力は弱くて、すぐに落伍しそうになっても、教団のメンバーとして、他のメンバーすなわち仏弟子と交わることによって、みずからの力も強められ、また深い反省もなされる。ブッダはニルヴァーナすなわち安らぎをめざしたので、教団の空気もそれに近かった。そして教団に身を投じたものは、そんななかで、実践にいそしみ、智慧をみがき、さとりを求めた。

仏弟子には出家者と在家者との二種類があった。出家の男性をビク（比丘）、女性をビクニ（比丘尼）と呼び、また在家の男性信者はウパーサカ（優婆塞）、女性信者はウパーシカ（優婆夷）と呼んだ。ビクとは「乞う人」の意味で、信者の布施によって生活し、ウパーサカは「つかえる人」の意味で、出家者につかえて、生活の衣食などを布施し、且《か》つ指導を受けた。以上を四衆と呼ぶ。

のちに教団が拡大・発展するにつれて、未成年者の出家者である沙弥《しゃみ》（サーマネーラ）と沙弥尼（サーマネーリー）が、また女性は出家する前の二年間を学真女（シッカマーナー）としてすごした。前の四衆と合わせて、以上を七衆と呼ぶ。

教団はいうまでもなく一つの集団であるから、そこには集団としての秩序が保たれなければならない。こうして、秩序を維持するための規則が生まれ、これを「律」（ヴィナヤ）と呼んだ。これについては随犯随制ということがいわれるが、それは、秩序を破壊しそうな行為がおこるたびに、次第に制定されて行ったからで、のちにはかなり複雑なものとなった。もしも律を破れば、当然罰則がともなう。それは、ひとり心のなかで告白して懺悔し、より重ければ他人の前で告白し懺悔し、もっともひどい場合には、教団から追放する、ということが決められた。その規則を集めたものを、とくに波羅提木叉（パーティモッカ）と呼んだ。

律がこのように他律的であるのに対して、自律的な「戒」（シーラ）がある。これは自発的に心に誓い守るもので、これを破っても、過ちとか失うところや後悔はあっても、特別に罰則にあたるものはない。

在家の信者はつぎの五戒を守った。

(1)　不殺生《ふせっしょう》戒―生命のあるものを殺さない。
(2)　不偸盗《ふちゅうとう》戒―盗みをしない。あたえられないものは取らない。
(3)　不《ふ》邪婬《じゃいん》戒―男女間のみだらな関係をつくらない。
(4)　不《ふ》妄語《もうご》戒―いつわりを語らない。
(5)　不《ふ》飲酒《おんじゅ》戒―酒類を飲まない。

さらに経典（『長部』第一巻一二四ページ）には、

智慧は戒によって清められ、戒は智慧によって清められる。智慧は戒のごとくであり、戒は智慧のごとくである。戒あるものには智慧があり、智慧あるものには戒がある。戒と智慧とは、この世における最上のものと称せられる。

といい、『スッタニパータ』には、

174つねに戒を身に保ち、智慧あり、よく心を統一して、内省し、念《おも》いある人こそが、渡りがたい激流を渡りうる。

といい、このような表現が集められて、初期仏教の実践を、「戒・定・慧の三学」と呼び、やがてそれにさらに、解脱をつけ加えたり、さらにそのうえに解脱したという自覚（解脱知見）を加えて、五つにまとめることもおこなわれるようになった。そして、その五つははじめは同等に扱われていたが、次第に順序がつけられて、解脱知見が獲得される最終のものという考えに発展して行った。

第二章　部派仏教

第一節　部派の成立

教団の発展と分裂

最初期の仏教においては、あるいは出家し、あるいは在家信者として、大勢の人々からゴータマ・ブッダが慕われており、しかもブッダ自身のみならず、仏弟子も各地に出かけて、その教えを説いた。こうして仏教は、主として中インド一帯にひろまった。仏滅後も布教はさかんに続けられ、仏教は中インド全体にひろがり、とくに西方および西南方に伝道が進められて、ついにアラビア海にまで達するほどになった。

仏教を信奉するグループは、教団を中心にあちこちにつくられ、発展の一路をたどった。こうして、一般民衆に仏教を普及するために、インドの輪廻転生《りんねてんしょう》思想をまじえ、ゴータマ・ブッダの前の生涯を物語る『ジャータカ』（本生譚《ほんじょうだん》）がつくられる一方、ブッダや仏弟子の遺骨・遺品などをまつるストゥーパ（塔）の崇拝がおこった。塔崇拝は、塔をいっそう美しく、またその門や欄楯《らんじゅん》に美しい彫刻をもって飾った。ブッダガヤーの遺跡、サーンチーの塔、バルフートの塔などは、こうして成った。

教団が発展し、いろいろなグループの人々が参加することは、またそのメンバーにも多種多様の人々をかかえることになる。こうして明瞭な形を取るようになってきたのが、保守派の長老たちと、進歩派の人々との対立である。保守派の長老たちは、古くからの伝統を固く守ろうとし、進歩派の人々は、大勢の信者たちとともに、伝統のある程度の緩和ないし自由な適用を訴える。

ここに十事の問題がおこる。それはすべて戒律に関する問題であったが、とくに布施を受けるさいに、金銀銭を受けてよいかどうかが、大きな争点となった。保守派はこれを不可とし、いっぽう進歩派はこれを肯定するようはたらきかけた。

こうして、保守派の上座長老たちはヴェーサーリーに七百人の会議をひらいて、みずから奉ずる聖典の結集《けつじゅう》をおこなった。これに対して、進歩派・改革派のビクたちは、一万人の人々をあつめて、自分たちの結集をおこない、従来の教団からの離脱と独立を宣言した。前者を上座部《じょうざぶ》（テーラヴァーダ）と称し、後者はあつまった人数が多かったところから大衆部《だいしゅ》（マハーサンギカ）と呼ばれた。こうした保守派と進歩派とは完全に分裂した。これを根本分裂と名づける。また仏滅直後マハー・カッサパを中心におこなった聖典結集を第一結集というのに対して、上座・大衆両派のそれぞれの結集を第二結集と称する。そして、第二結集は第一結集後約百年のちのできごととされている。しかし先にも述べたように、インドは中央集権のきわめて弱い国であるので、このときに、どの教団・ビク・ビクニ・信者が各地から参集したかは疑わしい。

この根本分裂がおこると、それはさらに再分裂をおこす。まず、それから百年のあいだに大衆部の系統が細かに分裂し、ついでその後約百年間に上座部系統が細かに分裂した。これを枝末《しまつ》分裂という。そして両者合わせて十八の部派が新たに成立したと、伝説は伝えている。これに根本二部を加えて、いわゆる「小乗二十部」という呼びかたが、のちに興起した大乗仏教の側になされている。ともあれ分裂は西暦紀元前一〇〇年ごろには、ほぼ完了したらしい。

諸部派のうち、上座部系の説一切有部《せついっさいうぶ》（略して有部《うぶ》）、正量部《しょうりょうぶ》、化地部《けじぶ》、経量部《きょうりょうぶ》、犢子《とくし》部、また南方に伝えられた上座部が、重要な資料をのこしている。

アショーカ王

紀元前三二七年、ギリシアのアレクサンドロス大王はペルシア帝国を席捲した勢いを駆って、西インドに侵入し、インド軍を打ち破り、諸所にギリシア系の都市の基礎を築いて、翌年西方に帰還し、途中バビロニアで客死した。ときに三十三歳であった。

それまで、インドはかつて統一国家をもった経験がなかった。そしてこのような外患が契機となって、ようやくいわゆるナショナリズムの機運が見え始めてくる。

紀元前三一七年ごろ、マガダ国に立ったチャンドラグプタは、ガンジス河平原を領していたナンダ王朝をくつがえし、近隣の諸国を合わせて、ここにマウリヤ（孔雀）王朝を創始した。チャンドラグプタはさらに西北インドからギリシア人を追放し、侵入してきたシリア軍をも破り、ほぼインド全体にわたる最初の大帝国を樹立した。これにはマガダ国の豊かな財富と、特殊な戦車などを利用したすぐれた軍事技術が、その成功の原因であった。首府をパータリプトラ（パトナ）に置き、宰相カウティリヤの賢明な施策によって、この帝国はゆるぎないものとなった。

チャンドラグプタの子のビンドゥサーラがそのあとをつぎ、さらにその子（チャンドラグプタの孫）のアショーカ王（アソーカ王、阿育王、在位紀元前二六八〜前二三二年ごろ）のときに、マウリヤ王朝はそのクライマックスを迎えることになる。

アショーカ王は、即位後九年目に、ただ一ヵ所のこった東南海岸のカリンガ地方を平定して、全インドを文字どおりその覇権のもとにおさめたが、このときの戦争で、十万の人々があるいは死に、あるいは傷つき、そのうえ、戦争に関係のない一般民衆や獣畜を殺傷したことを心に深く恥じて、仏教の熱心な帰依者となった。かれは、普遍的な法（ダルマ）を高く掲げて、その政治理念としたが、それは仏法に通ずるものでもあった。この政治理想を民衆にひろく知らせるために、領内各地に多数の大きな石柱を建て、また国境地方では岩石の壁を磨いて、そこにその崇高な信念を吐露した詔勅を刻んだ。これが有名なアショーカ王碑文である（それらの何分の一かが現在でもインドおよび周辺にのこっており、ほぼ解読がおわっている）。

アショーカ王はみずから仏教に帰依したために、仏教はこの機会に一躍全インドにひろがった。さらに王子マヒンダ長老をセイロン（スリランカ）に派遣し、セイロンはこれを喜んで迎え入れて、上座部（長老仏教《テーラヴァーダ》ともいう）の一大中心となった。アショーカ王は仏教を後援すると同時に、当時のバラモン教、ジャイナ教、アージーヴィカ教なども保護した。そしてインド国内の各所にわたり、道路を整備し、並木を植え、井戸を掘り、倉庫を建設して緊急の用に役立たせ、施しの家を設立して、貧しい人々を救い、病院を設立するなどの人民のための多くの施策をおこなった。

このような統一国家、そして理想的な帝王の姿が民衆に焼きついて、転輪聖王（チャクラ・ヴァルティン、普遍的帝王）というイデーが生まれた。このことばは、仏典のあちこちにあらわれ、またヒンドゥー教とジャイナ教の聖典にも見られる。

マウリヤ王朝は次第に衰え、紀元前一八〇年ごろに滅びて、インドはまた分裂した。西北インドにはギリシア人の新王が国を建てたが、そのなかで非常に有力であったメナンドロス王（前一六〇年ごろ）は、アフガニスタンから中部インドにかけて支配していた。かれは公けにはギリシアの神々を信じていたが、仏教への関心もなみなみならぬものがあった。こうしてメナンドロスと仏教僧ナーガセーナとの仏教に関する問答がおこなわれる。この対話は二日間つづき、三日目に王は仏教徒となったと仏教側の資料は伝える。その対話集は『ミリンダパンハ』（『ミリンダ王の問い』、漢訳『那先比丘経』）として伝えられ、このなかに、ギリシア的思惟とインド的（あるいは仏教的）思惟との対決が果たされていて、きわめて興味深い資料となっている。

第二節　アビダルマ

アビダルマの定義と文献

部派仏教の文献をアビダルマ（Abhidharma, Abhidhamma　阿毘達磨、阿毘曇と音写し、略して毘曇ともいう）という。アビ（abhi）は「対して」「について」という意味なので、アビダルマは「対法」と訳され、それは「法の研究」を意味する。そのほか（とくにパーリ上座部では）アビに「勝れた」「過ぎた」の意味があるので、アビダルマを「勝れた法」とする説もある。ここでいう「法」（ダルマ、ダンマ）はほぼ「経」というのとひとしく、「仏語」をさしている。したがって、アビダルマは経の註釈から出発する。そして経に説かれていることを整備し、新しく解釈しなおし、また新しい問題を提起して、それに答える。これを「論」と訳すのは、右の事情による。

アビダルマの文献は次第にふえて「アビダルマ蔵」すなわち「論蔵」をなす。

パーリ上座部の論蔵はつぎの七種から成る（成立の順にあげる。下の数字はセイロンの受持の順序）。

『人施設論』（Puggalapaññatti）	4
『法集論』（Dhammasaṅgaṇi）	1
『分別論』（Vibhaṅga）	2
『界論』（Dhātuvibhaṅga）	5
『双論』（Yamaka）	6
『発趣論』（Paṭṭhāna）	7
『論事』（Kathāvatthu）	3

以上がパーリの「論蔵」で、これ以外にもパーリの論書は多いけれども、それは「蔵外」とされる（たとえば前述の『ミリンダパンハー』など、その他）。蔵外の文献で重要な文献には、二世紀のウパティッサの『解脱道論』（Vimuttimagga）と五世紀のブッダゴーサの『清浄道論』（Visuddhi-magga）である。前者には漢訳があり、後者は前者を底本として大幅に改造して作成され、もっともすぐれた仏教概論の一つということができる。なおブッダ

ゴーサは、三蔵のほとんど全部に註釈書を書き、その量は夥しいものにのぼる。

また『島史』（Dīpavaṃsa）と『大史』（Mahāvaṃsa）の二つの歴史書も重要である。前者が古く、後者はくわしい。

インドにとどまった上座部系の部派のなかで、もっとも強力な説一切有部（略して有部）にも、また七種の論蔵があり、通称「六足発智」という。それを成立の順にあげると、

『集異門足論《しゆういもんそくろん》』（Saṃgītiparyāya）
『法蘊足論《ほううんそくろん》』（Dharmaskandha）
『施設論《せせつろん》』（Prajñaptiśāstra）
『識身足論《しきしんそくろん》』（Vijñānakāya）
『界身足論《かいしんそくろん》』（Dhātukāya）
『品類足論《ほんるいそくろん》』（Prakaraṇapāda）
『発智論《ほっちろん》』（Jñānaprasthāna）

このうち、『発智論』は身論と名づけられ、他は足論と呼ばれる。『発智論』は紀元前二世紀に出たカーティヤーヤニープトラ（迦多衍尼子）の力作で、有部の教学面に大きな貢献を果たした。

右のほか、正量部に『三弥《さんみ》底部《ていぶ》論』（Sāṃmitīyaśāstra?）があり、また法蔵部に属するといわれる『舎利《しゃり》弗《ほつ》阿《あ》毘《び》曇《どん》論』がある。またずっと後代（二五〇～三五〇年ごろ）には訶梨跋摩（Harivarman）の『成実論』（Satyasiddhiśāstra）がある。

インドに旅行した玄奘や義浄の伝えるところでは、有部、上座部、大衆部、正量部、化地部、飲《おん》光部、法蔵部が、それぞれ大部の論蔵をもっていたという。

上述したように、インドの部派でもっとも強力なのは、有部であった。かれらはその根本テクストの『発智論』の註釈をおこない、また新しい学説を発展させて、約二百年を要して、『大毘婆沙論』二百巻の大冊を集大成した。これは他部派の学説をきびしく批判し、有部のなかでもその伝統にはずれたものは、すべて斥けている。このような純学術的な研究がおこなわれえたのは、諸王、とくにクシャーナ王朝のカニシカ王（一三二～一五二年ごろ在位）の保護や、その他の人々の寄進した荘園によって、学僧がひたすら研究に没頭できたためであろうといわれている。

しかし『大毘婆沙論』は二百巻という厖大なものであり、組織も不明瞭であって、一見「百科辞典」風のものであったため、これを読みとおすことは容易なことではなく、その思想内容を知るというのには適さなかった。このような事情から、より手頃な綱要書が作成された。尸《し》陀《だ》盤尼《ばんに》の『鞞《び》婆《ば》沙《しゃ》論』十四巻、法勝《ほうしょう》の『阿毘曇心論』四巻、優《う》波《ば》扇多《せんた》の『阿毘曇心論経』六巻、法救《ほっく》の『雑《ぞう》阿毘曇心論』十一巻、悟入《ごにゅう》の『入阿毘達磨論』二巻などが、それに類する。

これに続くものがヴァスバンドゥ（Vasubandhu　世親、または天親、三二〇〜四〇〇年ごろの説と四〇〇〜四八〇年ごろの二説がある）のあらわした『阿《あ》毘《び》達磨《だつま》倶《く》舎《しゃ》論』（Abhidharmakośabhāṣya）で、略してたんに『倶舎論』と称せられる。サンスクリットの原本、そのサンスクリット註釈があり、また玄奘訳三十巻、真諦訳二十二巻、チベット訳がそろっている。この書物は、とくに詩の部分は、『大毘婆沙論』のすぐれた綱要書として、有部の人々を喜ばせたが、のちに付された註釈の部分（このほうがはるかに長い）では、経量部や、ときには大衆部に通ずる立場から、批判がもられており、いわゆる「理に長ずるを宗《しゅう》とする」という立場にもとづいていた。

このために、『倶舎論』はカシュミールの有部の憤激をかった。すなわち、サンガバドラ（Saṃghabhadra　衆賢）は『阿毘達磨順正理《じゅんしょうり》論』八十巻をあらわして、『倶舎論』を攻撃し、また『阿毘達磨顕宗《けんしゅう》論』四十巻も作った。しかし内容といい、組織体系といい、『倶舎論』は非常にすぐれた名著であったために、有部ないしアビダルマ一般の研究は、この『倶舎論』によるものがほとんどである。

『倶舎論』の内容は、界品、根品、世間品、業品、随眠品、賢聖品、智品、定品の八章に、付録として破我品がついている。以上のうち、最初の二章は法の体系を示し、世間品に仏教独自の宇宙観をまとめて述べ、つぎの二章は業と煩悩とを述べたあとに、さとりの世界に入って賢聖品が説かれ、智品はさとりを獲得する智を示し、定品は禅定について語る。以下に、その思想のごく概要を示して行こう。

法の体系

(1) 勝義有と世俗有

存在を「勝義《しょうぎ》の存在」(paramārtha-sat) と「世俗の存在」(saṃvṛti-sat) とに分けて、前者を「法」(dharma) とする。わたくしたちがふだん見なれているいわば自然的存在、たとえば瓶についていえば、瓶はこわれると、もはや瓶ではなくなってしまう。これが「世俗の存在」であり、わたくしたち自身もそうであり、木も林も家も車も、すべてそうである。ところが瓶をどこまでもこわして行くと、最後に「極微《ごくみ》」(paramāṇu) にいたる。そしてこれはもはやなくなることはない。こうした究極の存在は、他のものには依存せず、それ自体で存在している。このようなものを「勝義の存在」と名づける。アビダルマの術語でいえば、「実体としてあるもの」(dravyataḥ sat)、「自性をもつもの」(sa-svabhāva)、「自相上あるもの」(svalakṣaṇataḥ sat) が「勝義有」であり、これが上述のように「ダルマ」である。

「ダルマ」には、多くのいわゆる心理作用もあり、たとえば「欲」(chanda) という心理は、これ以上は分析することのできない要素的存在であり、心に欲をおこさせるものであるから、これもまた勝義有であり、ダルマである。

(2) 有為法と無為法

法は作られたものと、作られたのではないものとある。前者を有為法《うい》(saṃskṛta-dharma)といい、後者を無為法(asaṃskṛta-dharma)という。無為法は作られたものではないから、永遠の実在ということもできる。有為法は要素として実在ではあっても、変化して行くから無常である。たとえば、上述の「欲」は「精進」(vīrya)にも変わるし、あるいはまた「貪り」(rāga)にも変化する。

無為法の代表には、時間をこえた存在であるニルヴァーナがある。有部ではニルヴァーナのことを「択滅《ちゃく》」(pratisaṃkhyā-nirodha)という。これは択＝知慧の力によって得られた「滅」の意味である。択の力によらないで得られた滅は「非択滅」である。これにいわゆる絶対空間を意味する「虚空」(ākāśa)を加えて、択滅・非択滅・虚空の三つを無為法に数える(なお仏教では空間のみ無為であり、時間は無常の根源としてこのなかに入らず、いわばカテゴリーが異なる)。

(3) 有漏《うろ》法と無漏法

漏(āsrava)とはいわゆる煩悩(kleśa)のことをいい、有漏法(sāsrava-dharma)とはそれに汚された法、無漏法とはそれに汚されない法である。上述の無為法は煩悩に結合しないから、無漏法であり、また先に示した四諦のうちの道諦(八正道)もまた無漏法である。

(4)　物質

物質は仏教では「色《しき》」(rūpa) といい、五蘊説で色蘊といえば、それは物質全般をさす。また十二処でいえば、眼根・耳根・鼻根・舌根・身根の五根と色処・声処・香処・味処・触処の五処との計十処が、それにあたる。有部はさらに表面にあらわれない色＝無表色 (avijñapti-rūpa) を認める。それは実践にさいしてはたらく力であり、実践は身体の動きすなわち物質から生じたものである。こうして、物質（色法）は十一種となる。

(5)　煩悩

煩悩には種々の異名がある。先の漏をはじめ、暴流《ぼる》、蓋、結、穢、障、縛、軛、取、繋など、みな煩悩の異名である。『倶舎論』では、煩悩を「随眠《ずいめん》」(anuśaya) と呼び、また「纏《てん》」(paryavasthāna) という。それらを細かく分類して、そのうちの見は、貪り、瞋《いか》り、慢、無明（無知）、見（まちがった考え）、疑いの六随眠を立て、有身見、辺執見、邪見、見取見、戒禁《かいごん》取見の五見に細分化されて、ここに十随眠となる。これをさらに拡大して行くと「九十八随眠」となる。随眠品にはこのほか「十纏」を説いていて、前の九十八随眠と合わせると「百八煩悩」となる。煩悩を滅ぼすときには、この一つ一つをほろぼして行かなければならない。

(6)　心所法と心法と心地法

有部は心理作用をそれぞれ独立の法と見るので、それらを心所法（または心所有法、心に所有された法）と称する。五蘊のうち、受蘊、想蘊、行蘊の一部がふくまれる。

五蘊の識蘊は、認識する主体であり、それは心法または心王といわれる。

また有部は心を「心地」（citta-bhūmi）と名づける。すなわち、その地のうえにさまざまな心理作用がおこり、現われ、移動し、消える。しかしつねにそれが現われているのではなくて、潜在的なありかたで存在していることもある。そこで心所法を区別して、大地法、大善地法、大煩悩地法、大不善地法、小煩悩地法の五種の心地法を考えた。同時に、これらのどれからも生じない心所法を不定法としている。

(7) 心不相応行

心理作用と相応しない行を心不相応行（citta-viprayukta saṃskāra）という。先の心所法は心法と相応する法であり、「心所法の倶生」といわれ、この心所法は五蘊では行蘊にふくまれる。しかし行蘊のなかには心と相応しない行がふくまれる。それは物質でも心でもない実在である。それに十四あるという。こまかい説明を省略して、たとえばその第一の「得」とは、たとえば凡夫が現実に煩悩をおこしていなくても、煩悩をそなえている、煩悩とつながっていることをいう。そのほか人間の寿命であるとか、禅定に入った状態であるとか、時間的なありかたとか、単語、句、単音などである。

(8) 五位七十五法

以上のものをそれぞれ深く考察して、それぞれの分類に分けて、五位七十五法というモデルができあがる。それはつぎのとおり。

色法　十一

眼根・耳根・鼻根・舌根・身根・色境・声境・香境・味境・触境・無表色。

心王　一

心所法　四十六

大地法　十

受・想・思・触（接触）・欲・慧・念・作意《さい》（思念または注意）・勝解《しょうげ》（明瞭な理解）・三摩地《さんまじ》（動揺しない心）。

大善地法　十

信・勤・捨（平静）・慚・愧・無貪（貪らない）・無瞋（怒らない）・不害・軽安《きょうあん》（爽快な心身のありかた）・不放逸。

大煩悩地法　六

無明・放逸・懈怠《けたい》（おこたり）・不信・惛沈《こんじん》（心が暗く沈む）・掉挙《じょうこ》（心があがって平静を失う）。

大不善地法　二

無慚・無愧。

小煩悩地法　十

業と縁起

忿（いかり）・覆（過ちをおおいかくす）・慳（ものおしみ）・嫉（そねみ）・悩・害・恨・諂（へつらい）・誑《おう》（まよい）・憍《きょう》（おごり）。

不定法　八

悪作《あくさ》（過去を追憶・後悔する）・睡眠（心を惛睡させる）・尋《じん》（対象をざっとしらべる）・伺《し》（対象をこまかく追究する）・貪（むさぼり）・瞋（いかり）・慢・疑。

心不相応行　十四

得《とく》（未来または現在にそなえている）・非得・衆同分（同等・類似の果を得させる因）・無想果・無想定・滅尽定（この三つは禅定に入って無念無想となる）・命根《みょうこん》（寿命）・生・住・異・滅（この四つは時間的なあらわれ）・名身《みょうしん》（単語）・句身（短文あるいは句）・文身（単音）。

無為法　三

虚空無為（空間）・択滅《ちゃくめつ》無為（択力すなわち知慧の力によって得られる滅）・非択滅無為（因縁が欠けていて生じえない滅）。

なお以上の「五位」は有部の考案によるもの。また右のように「七十五法」をきちんとまとめあげたのは、『倶舎論』の註釈書による。

(1) 業

仏教では、行為・実践を「カルマ（ン）」(karma, karman) といい、これを「業《ごう》」と訳す。これは、つくる・なすを意味する動詞「クル」(kṛ) からつくられたことばである。

業は行為・実践にほかならないが、そればかりではない。仏教思想においては、業すなわち行為・実践をばらばらに切断してしまうことをしない。ただひとつのみあって、そのあとになにものこらないとは考えられない。仏教の根本思想である「無常」の思想が、ひとつひとつの行為を、各刹那ごとに、未来から現在へとみちびき出し、現在から過去へと落として行くけれども、そのひとつひとつの行為には必ず結果がともない、それがいわゆる余力・余習となって、つぎの行為になんらかの制約なり影響なりをあたえる。すなわち、前の行為がつぎの刹那に消えて新しく出てくる行為に、程度の差はあれ、必ず拘束をあたえるのである。

誤解をおそれずに図式的に表現すれば、未来には多種多様の行為が可能性として山とつまれており、そのうちのただひとつが現実化して現在の行為となる。そしてそれは過去に移り行って、そこに結果がまた高く深くつまれている。そうした状況のなかで、一方に、行為の自発性・主体性があり、他方に、行為の責任ということがある。業という術語は、これら全部を総称していうのである（このような広い・奥の深い概念は、西洋には生まれなかった。また業をたんに果報として認める素朴な思想が古ウパニシャッドに生まれかけていたが、仏教はそれを拡大し完成させた）。

業には、身体のおこなう身業、口に発する口《く》業、心に考える意業の三つに分ける分類、また目に見える行為をあらわす表業、目には見えない行為をさす無表業の二つに分ける分類がある。

通常、素朴に考えて、善い行為には善い結果が、悪い行為には悪い結果が付随すると考えられ、「善因善果」「悪因悪果」のいわゆる「因果応報」説が立てられる。しかしながら、現実を見渡してみると、必ずしもそのようにストレイトないし単純に結びついているとはいえない。善因を施しながら、裏切られ、失敗して歎くものがあり、逆に、悪因をつくりながら、うまく人目をごまかして成功し、得意になるものが、現実に存在する。それでも前者にも、善因に対する心の満足があり、後者には悪因にともなう心のうしろめたさがある。これを「善因楽果」「悪因苦果」と術語化する。

(2) 六因、四縁、五果

有部は、因果の関係を追う「縁起」説を分析的に考えて、六因、四縁、五果を立てるようになった。これは有為の七十二法に適用される。

六因とは、能作《のうさ》因、倶有《くう》因、同類因、相応因、遍行《へんぎょう》因、異熟《いじゅく》因である。このうち、能作因とは「そうさせるもの」というほどの意味で、自己（法）が生ずるために他の一切法がその助けになっているという意味である。倶有因とは因果同時の場合で、たがいに因となり果となっている場合である。同類因とは前項のはじめに述べた善因善果、悪因悪果の場合である。異熟因とは前項のあとに述べた善因楽果、悪因苦果の場合である。相応因は「あいつながる」「あいともなう」の意で、心心所法の相応の関係をいう。遍行因は同類因中の特殊な関係で、異時因果のありかたをいう。

四縁とは、因縁・等無間《けん》縁・所縁縁・増上縁である。このうち、因縁とは、六因のうち能作因を除いた五因をまとめたもの。等無間縁とは、心心所法が直接にあいだになにも介在しないで滅しては生ずる。所縁縁とは、認識の対象の意味。増上縁とは、六因のうちの能作因をいう。

五果とは、増上果・士用《じゆう》果・等流《る》果・異熟果・離繋果である。このうち、増上果とは、すぐれた果という意味で、能作因の果である。士用とは「男子の動作」という意味であるが、ここでは因の法（体）がそのまま果の体であることをいう。これは前の六因の倶有因と相応因がこの士用果を取る。同類因と遍行因の果が等流果であり、これは因と果との性質が同一である場合である。異熟果は異熟因に対応するもの。第五の離繋果はさとりのことをいい、したがってこれは無為法であって因をもたない。

以上の六因・四縁・五果を整理して、図示すると次ページのようになる。

(3)　業感縁起

インドでは生命のあるものは生死をくり返して輪廻すると信ぜられていた。有部もこの説をとりいれて、輪廻の生存を十二縁起で解釈したものを業感縁起という。それを簡単に図式

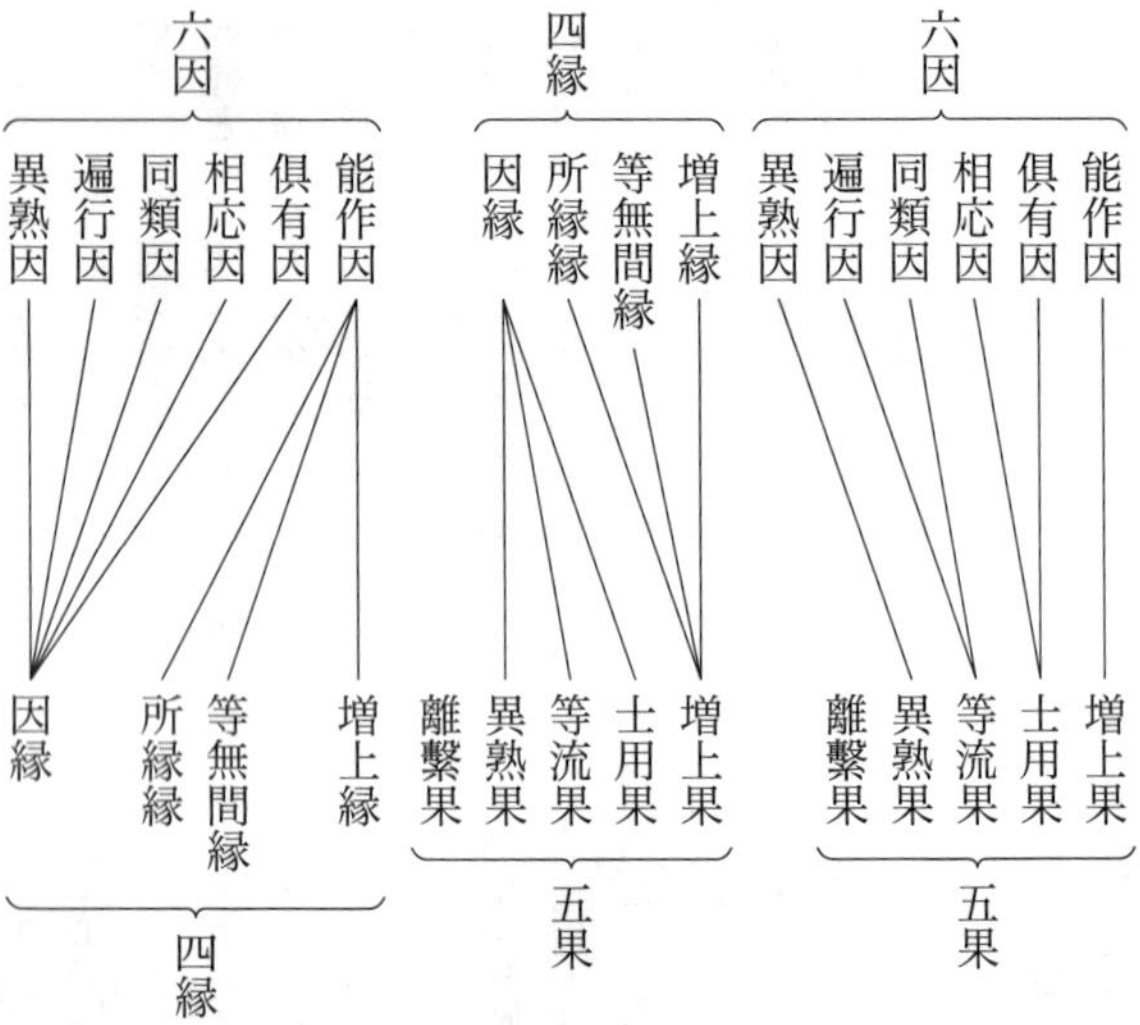

にすると、次ページの表のようになる。

(4) 四種縁起

これは刹那縁起・遠続《おんぞく》縁起・連縛縁起・分位縁起をいう。

刹那縁起とは、一刹那（約1/75秒）の五蘊のなかに十二縁起がすべてそなわっていることを示したもので、縁起の論理的依存関係・同時の縁起をさす。遠続縁起は、時をへだてた法のあいだに縁起の関係のあることを示したもの。連縛縁起は、十二縁起の各支が連続的に刹那生滅して行くありかたをいう。分位縁起とは、前述の業感縁起と同じものをいう。

実践

ヨーロッパのスコラ哲学が、のちに煩瑣《はんさ》哲学の貶称《へんしょう》をあびたように、このアビダルマの議論はかなり煩雑をきわめている。もとよりそこには、前者のばあいには神学のささえ、後者にはさとりへの途が、それらの根本の柱となってはいるものの、こうした精細をきわめる議

無明・行	過去世の二因	三世両重因果
識・名色・六入・触・受	現在世の五果	
愛・取・有	現在世の三因	
生・老死	未来世の二果	

無明・愛・取	惑
行・有	業
識・名色・六入・触・受・生・老死	苦

論は、専門家でなければ手に負《お》えるものではなく、いわば専門家の独占物となる。そのために大衆から遊離しているとの激しい批判をうける反面、他方、その強靭《きょうじん》な思弁は、それぞれ哲学・思想の豊かな根でもあり、また果実でもあって、後世ながく学ばれ、伝えられた。

実践は、主として心の制御をめざしていた。うつろいやすく、動揺しやすい心を、しっかりとおさえ、つぎつぎとわき出てくる煩悩や迷いをしずめて、心を平静な状態に統一する。そのために坐禅がさかんにおこなわれ、それによってさとりに到達しようとした。上述したように、部派の各教団は、生活環境が安定しており、諸条件もととのっているから、出家者はひたすらその実践にはげめばよい。もちろん、みずからの実践によってさとりを得るのは、自己であって、他人ではない。こうして一切の実践が各々の人々の自己のさとりをめざしている場においては、いつしか他人への配慮がどうしても乏《とぼ》しくなる。自利ということばがあるが、部派の実践においては、自利がその頂点に達した。

もとより、どのような宗教でも、その中心になるエリートがみずからその宗義の本質ないし真理そのものを確実につかんでいなくては、その教団―集団を指導することはできない。そして、その教団内の多くのメンバーが、そのエリートにならって、みずからその本質・真理をつかもうと努力する場に、その教団―宗教は生き生きとした活動がいとなまれ、活発な生命が維持されていく。しかしながら、宗教はたんに一部のエリートだけのためのものではなく、専門家ばかりをめざすものであってはならない。苦しみ悩むすべての人間、すべての生命あるものに、ひろく開放されていなければならない。ゴータマ・ブッダが仏教を創設したときの教団が、そのようなものであったことは、すでにくわしく記したとおりである。すなわち、自利にたいして、利他がはかられなければならない。専門家にはなれない大多数の世俗の人々をわすれては、教団内の結束がいかに強固ではあっても、その教団自身が社会から浮きあがり、大衆から遊離してわすれ去られてしまう。こうして、ブッダへの復帰をめざす活動が、やがてどこからともなくはじまり、それが後述の大乗仏教の興隆につらなっていく。

第三章　大乗仏教

第一節　大乗仏教の興起

興起の事情

部派仏教が難解な教理の樹立と困難な実践とに専念しているあいだに、一般民衆ならびにその指導者（その実体はよく判らない）によって、一種の新しい仏教革命運動がおこりつつあった。それがいわゆる大乗仏教（Mahāyāna）である。マハー（mahā）は大きい、ヤーナ（yāna）は乗り物を意味するが、教えという解釈もある。これに対して、これまでの伝統的な部派仏教は小乗仏教（Hīnayāna）と呼ばれたけれども、ヒーナ（hīna）とは卑小の意味であり、これは一部の大乗仏教の側から呼んだ貶称である。したがって部派仏教みずから小乗仏教を名乗ることは決してないし、またアビダルマの文献には大乗仏教に言及することがなく、まったく無視している（従来、部派のうちの大衆部系統から大乗仏教が発生したという説がおこなわれていたが、現在の学界の成果はこれを否定している）。

伝統的な部派仏教は、国王・藩侯・長者などからの政治的・経済的援助を受け、広大な荘園を所有し、その安定した社会的基盤のうえに存在していたために、一般民衆とは遠く隔絶していた。かれらは壮大な僧院の内部に居住し、静かに瞑想し、坐禅を修し、煩瑣な教理研究に従事していた。その態度は前章の末尾に記したように自利に集中し、いきおいある特定の枠にはまった独善的・高踏的なものであった。

このような団体は、ひとりでに、また意識的に、一般民衆から遠ざかる。いな、一般民衆のほうがかれらを避ける。一般民衆の求めるものは、そのようなむずかしい教理でもなければ、厳しすぎる実践でもない。そのようなものにとりつかれていては、かれら自身の日常生活が成立しない。

こうして大乗仏教の運動は次第次第に高まりを見せ、自利すなわち利己的・独善的な仏教を、ひろく民衆に開放し、より自由で闊達な思想を伸展させ、とくに一般民衆の救済、すなわち利他行を強調するようになっていった。

「自《じ》未《み》度《ど》先度《せんど》他《た》」ということばがある。「みずからいまだ度《わた》らざるに、先に他を度す」と読む。すなわち、彼岸＝理想の境地への到達を、自分よりも他人を優先させるという意味である。これは明らかに慈悲の精神にもとづいている。そしてこのような利他行を実践するひとを、すべて「ボサツ」（菩薩　bodhisattva）と称する（ボサツとはもともとブッダ＝覚者になる前の段階をさしていった。したがって、従来のボサツは、ゴータマ・シッダッタが三十五歳で成道してゴータマ・ブッダになるまでのあいだを称していた。ここに後述するように、ブッダ観の拡大とともに、ボサツ観も一般に開放されて、たとえ出家であろうと、在家であろうと、利他行に専念する人々をすべてボサツと呼ぶようになった)。

大乗仏教は決して一時に一ヵ所で急速に興起したものではない。長いあいだ、あちらこちらでいろいろの運動が起こり、それらがまじり合って、次第に大乗仏教に結晶して行くのであり、したがって、これまでの仏教にはふくまれていなかったものも、ここにふくまれるようになる一方、部派仏教のあいだで忘れられていたゴータマ・ブッダの根本精神・基本的立場に立ち返ろうとするものも少なくない。

ほとけたち

(1) 過去仏

すでに何度も述べたように、インド人の歴史観は、いわゆる回帰説である。それも非常に根強い。すなわち、歴史は必ずくりかえす、と考えていた。この思想を「輪廻《りんね》」と称し、仏教にもとりいれられた。

さて、千数百人の人々の眼前に、ゴータマ・ブッダは現実に出現した。かれらは実際にまみえ、その教えを聞き、心からそれに傾倒し、信仰した(やがてゴータマ・ブッダは入滅した)。このことが歴史上あきらかに実現したのであれば、当然、舞台を過去にもどして、過去の世界にもやはりブッダは出現したはずである。そして現実のブッダはその再来にほかならない。こうして、過去仏の思想が、インドではかなり古くから、文献のうえにみられる。すなわち、初期仏教経典のうち、『長阿含《じょうあごん》経』の第一経「大本経」全体は、過去仏を説きあかすもので、その一節に、つぎのようにいう。

> 仏、時に頌に曰く。過ぐる九十一劫に毘婆尸《びばし》仏あり。次の三十一劫に仏あり、尸棄《しき》と名づく。即ち彼の劫中に於いて、毘舎《びしゃ》如来出づ。今此の賢劫中の無数那維《すない》蔵に四大仙人あり、衆生を愍《あわれ》むが故に出づ、拘楼孫《くるそん》、拘那含《くなごん》、迦葉《かしょう》、釈迦文。……毘婆尸の時の人、寿八万四千。尸棄仏の時の人、寿命七万歳。毘舎婆の時の人、寿命六万歳。拘楼孫の時の人、寿命四万歳。拘那含の時の人、寿命三万歳。迦葉仏の時の人、寿命二万歳、我が今時の人の如きは、寿命百を過ぎず。

以下、経の終りまで、各仏の出生・姓・修行・成道・弟子・姿・教え・説法などを述べる。古来、右の諸仏を総称して「過去七仏」という。これは、パーリ文の『長部』の第十四経のMahāpadāna Suttantaに一致するほか、この説は、『七仏経』『毘婆尸仏経』『七仏父母姓字経』『増壱阿含経』四十八・四にもあり、これら多くの経典においてその名称その他が一致している。

念のため、七仏の名称（パーリ語）をあらためて記しておこう。

一、毘婆尸仏　Vipassī
二、尸棄仏　Sikhi
三、毘舎婆仏　Vessabhu
四、拘楼孫仏　Kakusandha
五、拘那含仏　Konagomana, Koṇāgamana
六、迦葉仏　Kassapa
七、釈迦文仏

このうち、第五仏は、コーナーカマナとして、仏滅後百年ないし二百年といわれるアショーカ王の碑文にもあらわれる。

一方、仏教の内容を最も簡略に説いたものとして、つぎの一詩がある。

諸悪莫作《しょあくまくさ》　あらゆる悪をなさず
衆善奉行《しゅぜんぶぎょう》　善を実行し
自浄其《じじょうご》意《い》　自己の心を浄める。

これがほとけたちの教えである。　　是諸仏教《ぜしよぶつきよう》

これは韻文で、最古の文献とされる『ダンマパダ』（法句経）一八三に説かれている。ここには、あきらかにブッダは複数である。この一句は、そのほか数多くの経典に見え、しかも過去の七仏もすべて同様のことを説いた、とされており、さらには、大乗仏教でもその伝統をうけついでいる。そのような事情から、通称「七仏通誡偈」と称される。

以上の諸事情からして、過去仏の信仰は、かなり古くから仏教内部におこったことは、あきらかである、といえよう。

なお、過去仏は、過去七仏だけではなくて、過去二十四仏、すなわち右の七仏の前にさらに十七仏を置く思想もある。この二十四祖を立てるという思想は、ジャイナ教などと共通している。その他、四十五仏、五十三仏など種々の過去仏思想がある（望月信亨『仏教大辞典』第五巻四四三八ページ参照）。

(2)　未来仏

歴史が過去にさかのぼるならば、当然、未来にも再来するはずである。一方、過去七仏の最後身であるゴータマ・ブッダは、決して再生しない、と確信する。しかも、各所に、「これは自分の最後の身である」とくりかえし説いている。

こうしたなかに、パーリ文『長部』の第二十六経の Cakkavatti-Sīhanāda S. および漢訳

『長阿含経』の第六経「転輪聖王修行経」中には、ゴータマ・ブッダが「遠い未来に、メッテーヤ（マイトレーヤ、弥勒）というブッダがあらわれ、現在自分が百をもって数えられる弟子の教団をひきいているのに対して、メッテーヤは千をもって数えられる弟子の教団をひきいるであろう」と、予言する一節がみられる。

渡辺照宏博士は、このメッテーヤを、最古の仏教経典の『スッタニパータ』の第五章「パーラーヤナ」（彼岸に至る道）に登場するティッサ・メッテーヤに推定している。

サンスクリットのマイトレーヤは、もとはミトラの語に由来する。ミトラは、イランやインドの古い神として名が高く、この信仰は、ギリシアからエジプトまで流行したことがある。また普通名詞のミトラは、親友・善友をあらわし、それから派生した名詞マイトラは、友情・親切などの意味。マイトレーヤはその類語であるから、「慈」と漢訳され、この未来仏は「慈氏」と訳されている。未来仏の信仰が拡大するにつれて、マイトレーヤ仏は、諸経典にしばしば登場して、さまざまな姿が付されて行く。

一体、その未来とはいつなのか。多くの経典は、「ずっと先の未来に人の寿命が八万歳（または八万四千歳）となるとき」といい、あるいは、「いまから五十六億七千万年のち」ともいわれる。

この弥勒仏の現在の住所は、トゥシタ（兜率《とそつ》）天という天上界である。そこで直ちにトゥシタ天にのぼり、または死後そこに生まれてその教化を乞うか、あるいは地上に久しくとどまって弥勒仏の下生を願うか、この二種の信仰が発生することになり、これは、インド以来の伝説である。こうした弥勒信仰から、『弥勒経』と概括される多数（漢訳六部、その他パーリ文、チベット文、コータン語で書かれた各別のもの）の経典がつくられた。

それらに一致していわれているところは、遠い未来の理想世界のヴィジョンを掲げ、その理想世界の中心のブッダを弥勒仏とし、しかもこのブッダは、ゴータマ・ブッダのときに救われなかった衆生を、ここでのこらず救済する、としている。

なお、未来仏は、文字通り「未だ来らざる仏」であるが、その信仰の根強さは、この仏を「将に来らんとする仏」すなわち、将来仏や、「当に来るべき仏」すなわち当来仏に変化させた。

さらに、未来仏は、弥勒仏のほか、五仏・千仏・八万仏など、種々の説がある。

(3)　アミダ仏その他——大乗仏教の諸仏

現在のゴータマ・ブッダを中心に、過去・未来の三世に拡大されたブッダ観は、たんに時間的な方向だけでなくて、やがて空間的にも拡大する。とくに仏滅後約五百年を経て、大乗仏教運動が盛んになるにつれて、その勢いは根強く、また飛躍的である。それは、従来ちょうど『リグ・ヴェーダ』の単一神・交替神のように、現在の一世界には一仏しか許していなかったものが、現在他方仏を認めるようになったことが、その動きを一挙に発展させた。

まず、東西南北の四方が考えられ、それぞれにブッダが立てられる。すなわち、多くの経典は、東方の阿閦《あしゅく》仏（Akṣobhya）、西方のアミダ仏、南方に宝相仏（Ratnaketu）、北方に微妙音仏（Dundubhisvara）をあげる（この諸仏の名称は、経典によって、かなり相違がある。ただし東西の両仏のみはほとんど変らない）。そしてそれは、四方の間にそれぞれの中間をはさんだ八方に、さらにそれに上下を加えて十方に拡大し、こうして十仏が立てられるようになる。この諸仏の名称も、経典ごとに多様である。そのうえ、十方十仏にとどまらず、たとえば東方だけに五仏、八仏、九仏、十仏、五十三仏などを認めるほか、各方にも数仏を掲げ、大乗仏教の諸経典は競って多仏を数えあげる。

このようにして立てられた三世十方の諸仏、多数の諸仏のなかで、つぎの三仏が最もよく知られ、重要である。

1　アミダ仏。アミダ仏信仰は、西方浄土思想との結合によって、非常な勢いで拡大し、経典群（浄土三部経ほか）がつくられて、いわゆる浄土教として完成する。浄土三部経とは、『無量寿経』『観無量寿経』『阿弥陀経』をいう。このうち、『無量寿経』と『阿弥陀経』とは、ともにサンスクリット本（どちらもSukhāvatīvyūha「極楽の荘厳《しょうごん》」という）があり、チベット訳があり、漢訳も、前者に五訳、後者に二訳ある。前者は後者よりはるかに大きな経典なので、前者を『大経』、後者を『小経』とも略する。両者の製作の前後はわからない。『観無量寿経』（略称『観経』）は、漢訳一本しかなく、その内容も、前二経より発達した思想を含んでおり、インド編纂かどうかも疑われている。

これらの経典から、アミダ仏の姿をさぐってみよう。もともとこのブッダには、サンスクリットでは、Amitāyus（無限の寿命をもつもの、無量寿）とAmitābha（無限の光明をもつもの、無量光）との二つの名称がある。これらを、中国で「阿弥陀」と音訳し、また大体は、「無量寿」と訳す（サンスクリット原本と対照するとAmitābhaにも「無量寿」の訳語があてられている例が少なくない）。これは、二つの別の仏が存在したのではなくて、むしろ同一仏の二つの異名と考える方がふさわしい。そして、この起源は、本来ゴータマ・ブッダを飾り立てた形容詞から発したものであろう、と考えられる。

それでは、アミダ仏とはいかなるブッダか。『無量寿経』の説くところによると、「かつて遠い過去にダルマーカラ（Dharmākara　法蔵）というボサツがあった。このボサツは、無上のさとりを得ようと志し、衆生済度の願い（「本願」と称される）をおこして、長い修行ののちに、ついにその願いを成就して、いまより十劫《こう》以前にブッダ（アミダ仏）となった。アミダ仏は現在、西方極楽浄土に住している」という。この「本願」は経典異本により異なり、「四十八願」とするのがとくに有名であるが、はじめは二十四願であり、それが、三十六願、四十六願などに増補されたのであろう、といわれる。そのなかでも、つぎの第十八願（康僧鎧訳『無量寿経』）は、とくに名高い。

もし、われ仏を得たらんに、十方の衆生、至心に信楽《しんぎょう》して、わが国に生まれんと欲して、乃至十念せんに、もし生まれずんば、正覚《しょうがく》を取らじ。ただ、五逆と正法《しょうぼう》を誹謗《ひぼう》することを除く。

上述したように、かつてこのようにダルマーカラ・ボサツの本願が達せられて、現に西方極楽浄土にはアミダ仏がましします。それならば、私たち衆生は、この教えのままに、アミダ仏を深く心に念じ（念仏）それに全意識を集中し続けさえするならば、必ずや、その臨終には、アミダ仏が来り、私たちを迎えとって（来迎《らいごう》）、来世には、その極楽浄土に往き、そこに生まれる（往生）ことができるはずである。さらに、時代の進展とともに、この念仏という心の働きは、やがて口に出して、アミダ仏への帰依（「ナーム」nām）をとなえることへと発展して行く。このいわゆる「南無阿弥陀仏」の六字の称名《しょうみょう》念仏は、とくに中国仏教、日本仏教において、非常な盛行をみた。

このような思想は、浄土三部経のみならず、大乗仏教経典の代表とされる『法華経』や『華厳経』にも言及されている。

2　薬師如来。ブッダは衆生の悩みを解決して下さるという意味で、しばしば「医王」「大医王」と呼ばれる。このブッダの苦悩救済という一面を強調するところに、薬師如来(Bhaiṣajyaguru「医薬の権威者」)の起源がある、とされている。

『薬師如来本願経』という経典によれば、東方に浄瑠璃という名の世界があり、その世界のブッダが、薬師瑠璃光王如来、すなわち薬師如来である、という。この如来は、かつてぼさつのときに、十二の大願をおこし、ついにそれを成就して、如来となった。その第七願は、つぎのようにいう。

諸患《げん》逼迫して護なく、依なく、一切の資生医薬を遠離《おんり》する者、わが名を聞かば、衆患《しゅげん》悉《ことごと》く除かん。

薬師如来への信仰の実態は、インドには資料が知られず、敦煌にはじまり、中国仏教、日本仏教、それらもずっと初期から流行した様子がみられる。しかし、のちに、アミダ仏信仰にとってかわられた。

なお、薬師瑠璃光如来から、さらに六仏を別に立て、七仏薬師を列挙する経典がある。おそらくこの七仏が、薬師如来の一仏に帰着したという説が、有力であったらしい。

3 ビルシャナ仏、大日如来。正しくは、ヴァイローチャナ・ブッダ（Vairocana）という。マハー（Mahā 大）をつける場合もある。毘盧舎那（毘を略すことも多い）は、勿論音訳である。これは、「あまねく照す」という意味から、遍照、光明遍照、浄満などとも訳される。そのありかたは、宗教学でいう一切を超越した最高神に相当する。初期仏教経典（『雑阿含経』第二十二など）の説では、太陽をなぞらえた、とされ、ここから、「大日」の訳が出る。

『華厳経』に説かれるその世界は、蓮華蔵世界または華厳荘厳世界などと呼ばれ、それはヴァイローチャナの理念の実現した世界であって、その一々の部分にさらに無数の国土があり、それぞれの国土にブッダが住み、それらはヴァイローチャナと不即不離の関係にある。すなわち、個のなかに全体が、全体のなかに個が、たがいに融通して、美しい調和をなしている。わが国の奈良の東大寺の大仏は、この理念を具現したものである。

この仏については、なお『梵網経《ぼんもうきょう》』『大日経』などに説かれているものが名高い。

(4) 仏身論

仏身(buddha-kāya)とは、文字通り「ブッダの身」であるが、仏教思想の発展とともに、とくに大乗仏教では、さまざまな仏身論があらわれた。

たとえば、ゴータマ・ブッダの八十歳入滅とは、人々に「無常の法」を教えるための一方便説にすぎない。実はブッダは、永遠の昔にさとりをひらいて衆生を教化して以来、永遠に教化を続け、永遠に滅びることはない、常住不滅である。こうして「久遠《くおん》の本仏」という思想が、とくに『法華経』において強調されている。

右の事情から、八十歳入滅のブッダの肉身を「生身《しょうじん》」ないし「色身《しきしん》」、そして常住不滅の姿は「法身《ほっしん》」といわれる(実は法身説は部派仏教に起源がある。すなわち、ブッダにはたして煩悩があるかないかの議論から、あるものを生身、ないものを法身と呼んだ)。やがて

「生身」から、「報身《ほうじん》」「応身《おうじん》（化身《けしん》）」の説がでてくる。すなわち、報身とは、ボサツの修行の結果、得られた身であり、そのブッダが衆生済度のために、衆生の前に、その衆生のそれぞれのありかたに応じて、さまざまの姿をかえて出現する、それが応身ないし化身（変化身）である。以上を三身説と術語化する。

さらに、報身を「受用身《じゆゆうしん》」と呼び、それをみずからその報いを受ける自受用身と、他の衆生のために法を説く他受用身との二つに分かって、上述の法身・変化身と併せて、四身説を説く経典も少なくない。

なお、右の法身は、いわば理念上のブッダすなわち理身でありながら、この法身仏が（生身仏と同じように）説法するという思想が、前項のヴァイローチャナ・ブッダにおいて説かれ、とくにわが国では、この法身説法ということが、そのまま信仰された。

(5)　ボサツ

大乗仏教のブッダの拡大とともに、ボサツもまた伸展する。上述のように、いわゆる小乗仏教（上座部仏教）では、ボサツといえば、ゴータマ・ブッダのみにかぎられており、せいぜい弥勒菩薩を加えるにすぎなかったものが、ここに、多くのボサツが非常な勢いで立てられ、信仰されるようになる。

①　観音菩薩《かんのんぼさつ》、観世音菩薩《かんぜおんぼさつ》、観自在菩薩《かんじざいぼさつ》。中国、チベット、蒙古、日本など、大乗仏教の栄えた国で、観音信仰ほど広く普及していた、また現に根強く普及しているものはない、とい

っている。このボサツの原名はAvalokiteśvaraで、これを、ava（あまねく）lokita（lok 観る）に、svara（音）の結合と解すれば、観音ないし観世音となり、īśvara（とくにすぐれたもの、自在）の結合とみれば、観自在となる。衆生がこのボサツの名をとなえると、その世間の音を観じて、直ちにその衆生を救済する、ないしは、あらゆる衆生の欲求を察知して観じとり、即座にその願いを成就させる、というのが、このボサツの起源である。

『観音経』とも呼ばれて、現在もなおわが国で読誦されることの多い『法華経』の「普門品」は、観音を賛美した経典で、普門とはあらゆる方面に顔を向けるとの意味である。

観音菩薩は、衆生救済のために、その出現する姿も、多種多彩を極める。とくにその三十三種の姿はよく知られており、また女身の観音像もある。そのほか、十一面観音、千手（千眼）観音、不空羂索観音（羂索とはわなの縄で、衆生済度に用いられる）、馬頭観音、如意輪観音など、すべて救済すべき衆生に応じて、面貌や姿を変えた形にほかならない。

② 文殊《もんじゅ》菩薩。文殊師利（Mañjuśrī）略して文殊は、大乗仏教経典に非常にしばしば登場し、ブッダの代弁者として活躍する。ブッダの知慧を代表する、といわれる。

③ 普賢《ふげん》菩薩（Samantabhadra）は、実行と意志、すなわち、願を立ててそれを実行するとされる。白象に乗った姿で知られている。

④　勢至《せいし》菩薩、または大勢至菩薩（Mahāsthāmaprāpta）。知慧または慈悲の大きな勢力を有し、衆生を救うボサツとされる。

⑤　虚空蔵《こくうぞう》菩薩（Ākāśagarbha）は、無限の知性を象徴するボサツである。

⑥　地蔵菩薩。その原名Kṣitigarbhaは、大地の根源を意味する。地蔵菩薩は、中国および日本で、末法思想の盛んになるにつれて、とくに流行した。すなわち、ゴータマ・ブッダはすでに入滅し、なお弥勒仏の出現するまでの長い期間、一切の衆生は、六道（地獄、餓鬼、畜生、阿修羅、人、天）の輪廻を続け、苦に悩まされざるをえない。とくに仏法のすたれた末法の世界には、苦が満ちみちている。その連続する苦の、現世および来世の救済者として信仰されたのが、地蔵菩薩である。とくに中国の来世観では、地獄の王者の閻魔《えんま》王など十王が死者を裁く、その死者を救うべく、地蔵菩薩は賽《さい》の河原に立っている、という。これは日本にも伝えられた。

先にも記したように、他の仏像・菩薩像などは、すべて頭髪があるのに、地蔵菩薩のみは剃髪して、ビクの姿をとっているのが、特徴である。六道をめぐり、あまねく衆生を救うところから、六地蔵をならべて礼拝する例が数多くある。

地蔵信仰は、わが国でも、宗派に関係なく、非常に普及し、路傍、山間、露天のいたるところにまつられて、老若男女に親しまれている。

⑦　そのほか、日光菩薩、月光菩薩などが知られている。

⑧　上述したような、いわばある理念から生じたボサツのほかに、現実に活躍した非常にすぐれた高僧を指して、ボサツと呼ぶ例が、インドにも、中国にも、日本にもある。たとえば、ナーガールジュナ（龍樹）、ヴァスバンドゥ（世親）、そして竺法護（敦煌菩薩）、道安（印手菩薩）、また行基、日蓮（大菩薩）など。

⑨　しかしながら、大乗仏教のボサツ観のめざすところは、一層広汎であり、且つ深遠である。ボサツは、先に記したように、ブッダとなる資格をそなえているものであり、換言すると、ボサツであれば必ずやがてブッダと成り得るのである。大乗仏教の発展につれて、このボサツ——ボーディ・サットヴァは、文字通り、ボーディすなわち仏教のさとり（真理）を信じ、さとりをめざしてつとめ、精進するサットヴァ（衆生）と解釈されることによって、わたくしたち凡夫のひとりひとりが、それにあずかることができるようになった。この傾向は、大乗仏教中期（紀元三〜五世紀）ごろに成立した『勝鬘経《しょうまん》』『如来蔵経』また『大般涅《だいはつね》槃《はん》経』などの経典では、明確に説かれるようになり、如来蔵および仏性《ぶっしょう》という術語として登場する。この如来蔵思想については後述する。

大乗仏教の起源の問題

大雑把に見て、大乗仏教の起原ないし源流には、つぎの四つが考えられる。

第一は部派仏教からの発展ないし飛躍である。たしかに大乗仏教経典には、部派仏教で用いられた術語もしばしば見られる。しかしそれは、大乗仏教が新しい思想を盛《も》るのに、部派仏教の古い且つ伝統的な用語を借りたのみであって、一つの部派から直接発展ないし飛躍があって大乗仏教がおこったとするのは適切ではない。

第二には、いわゆる仏伝文学が考えられる。仏伝文学が初期仏教以来次第に栄え、たとえ部派仏教のなかから現われたものも、やがてそれをのりこえて出て、「讃仏乗」と称せられる文学を発展せしめた。各種の譬喩《ひゆ》作品やアヴァダーナと呼ばれる説話があり、紀元後二世紀にはアシュヴァゴーシャ（馬鳴）やマートリチェータなどのすぐれた文学作品がある。

第三に仏塔信仰が考えられる。仏塔（ストゥーパ）はもともとブッダ・仏弟子の遺骨・遺品などをおさめたものであるが、それが次第に数を増し、規模も大きくなる。アショーカ王が各地に仏塔を建立したことは有名であり、またサーンチーやブッダガヤーやバールフートなど豪華《ごうか》妍麗《けんれい》なものもある。おそらくその数はかなりの数に達したことであろう。初期大乗仏教経典（『法華経』や『阿弥陀経』など）を見ると、仏塔のことがさかんに出てくる。もともと仏塔は在家の寄進したものであり、在家の信者によって護持されていた。しかしやがて仏塔を守る専門家のような人々が出てきたにちがいない。かれらはまったくの在家の信者でもないし、また特定の部派・教団に属していたのでもない。その意味で管理者にすぎなかったけれども、同時に仏塔の護持者であり、すすんで仏塔信仰を鼓吹する専門家であったであろう。

第四に、前述したほとけ、ボサツの拡大とともに、また部派の一部から引きついで心性《しんしょう》清浄《しょうじょう》説（心の本来の姿は清浄であるとする説）にもとづいて、多くの無名のほとけ、ボサツが実際に出現し、その説くところが高度に宗教的であって、形式も初期経典とまったく同じであり、人々を激しく打つものがあり、それが人々の共鳴を呼んで行った、と考えられる。この人々はどの部派・教団にも属さずに、以下に述べる大乗仏教経典と、すなわち仏説である（べき）経を作製し、そこに新しい思想ないし初期仏教につながってそれを発展させた思想をふくんでいる。

現在考えられるのは、おおよそ以上の四つであるが、これ以外にもかくれた起源・源流があるかもしれない。

ともかく、仏教が（他のジャイナ教やヒンドゥー教などとちがって）大乗仏教を生み出し、一種の仏教の革新運動を展開したことは、すでに初期仏教のなかにあった世界宗教に成長する芽を一段と大きく開かせることとなった。

第二節　初期大乗仏教経典

般若経

多くの大乗仏教経典のなかで、「大乗」（Mahāyāna　音写して「摩訶衍」）という語が最初に登場するのは、『般若経』である。その意味で、『般若経』は大乗仏教のパイオニアと見なすことができる。

『般若経』は『般若波羅蜜経』の略称である。またそのうえに「摩訶」をつけて『摩訶般若波羅蜜経』と称するものも少なくない。「摩訶」はマハー（mahā）の音写で、「大」を意味する。「般若」はプラジュニャー（prajñā）の音写で、「知慧」もしくは「慧」と訳される。それはふつう、分析的ではなくて綜合的、理論的ではなくて直観的な認識・体験をいう。「波羅蜜」はパーラミター（pāramitā）の音写で、その語源はパラマ（parama）→パーラミ（pārami）に、抽象名詞をつくるター（-tā）の加わったものとされ、パラマとは最上、完全などを意味するから、パーラミターは「完全、完成」をあらわす。ところが、中国およびチベットでは、パーラ（pāra）＋イ（i）＋ター（-tā）と解釈し、パーラは彼岸、イは行く、度《わた》るの意味であるから、パーラミターは「度彼岸」「到彼岸」、略して「度」とされた。したがって、般若波羅蜜すなわちプラジュニャー・パーラミターは「知慧の完成」と「知慧によって彼岸（理想の境地）に到達する」との二つの解釈がなされる。

『般若経』には種類がきわめて多く、漢訳されたものだけでも四十種以上におよび、サンスクリット本やチベット本などもある。それらのなかで重要であり有名であるのは、いわゆる『小品』と『大品』（いずれも『摩訶般若波羅蜜経』と称し、クマーラジーヴァ〈鳩摩羅什《くまらじゅう》〉の訳、その他の異訳も多数ある）、『金剛（般若）経』、『（般若）理趣経』、『般若心経』その他があり、玄奘が訳した六百巻という大冊の『大般若波羅蜜多経』は（『般若心経』を除く）すべての『般若経』の集大成である。

それらの成立に関して、『小品』（サンスクリットは『八千頌般若』）と『大品』（サンスクリットは『二万五千頌般若』）の新古について、漢訳のなされた当初から、すでに千年以上にわたって、さかんに議論されてきたが、現在の学界では、前者が古く、後者は前者を増広したものとされている。さらに『小品』のなかにも新古があり、その最初の部分がもっとも古いと推定され、いわば『原始般若経』ともいうべきものが立てられている。また術語のうえから「大乗」とか「空」とかいう語がまったく用いられていないが、しかしその思想を明らかに説いている『金剛（般若）経』も、古い成立と考えられている。

すべての『般若経』の説く思想・内容は、大別して、つぎの二つがあげられる。

第一は「空《くう》」（śūnya, śūnyatā）の思想である。それは、存在論的・認識論的にいえば、「実体がないこと」であり、実践的にいえば「とらわれないこと」「執著を捨てること」をいい、いずれにしても、厳しい否定で貫かれている。

先に述べたとおり、部派仏教、なかでもその最大の実力者であった説一切有部は、素朴実在論ではないけれども、法の実有を強調した。それは自性《じしょう》（svabhāva）ときには自相（svalakṣaṇa）という語であらわされるが、他のものを必要とせず、これ自体で存在するものを意味しており、本体ないし実体（西洋哲学でいうSubstanz）に相当するものであった。それが強固な体系を確立して行くのに対抗して、『般若経』は、まずその否定を高らかに宣言した。そしてそこに用いられた術語が「空」であったのである。もとよりここに取りあげられている「空」は、かなり直観的なもの（学者によっては神秘主義的という）であって、理論的説明は後述するナーガールジュナ（Nāgārjuna　龍樹）をまたなければならないけれども、そこで説かれる自性の否定すなわち無自性（niḥsvabhāva）、そして無自性の論拠である縁起（pratītyasamutpāda）は、少しずつ準備されつつあった。すなわち、すべてのものがたがいに相依・相待・相関という関係存在であって、そこには自立存在は認められないというのである。

しかしながら、『般若経』の説く「空」は、このような理論的な面よりも、むしろ多く実践的な面にあった。すべてのものにとらわれない、執著を離れる、解放されて自由になる。もしもとらわれないということに熱中して、そのことにとらわれているならば、そのとらわれからも離れなければならない（「空亦復《やくぶ》空」）。この実践を提示する「とらわれない」の深化は、ひるがえって考えれば、初期仏教において、ブッダが「無記」という態度（それについては先に詳述した）にすでに示されてあったものを、ここで復活したと考えることもできる。

『般若心経』のなかの「色即是《しきそくぜ》空《くう》、空即是色」ということばがよく知られている。その意味するところは、色すなわち物質一般が実体がない、実体がないというありかたが色すなわち物質一般の真の姿である、ということを表現すると同時に、ここにあり、そこにある物質にとらわれてはならない、物質のとりことなってはならない、とらわれず、物質そのものへの執著を離れるところに、その物質の真の姿があらわれてくる、ということを、もっとも簡潔に表現している。

さらに有部においては、やかましい煩悩論がおこなわれた。『般若経』はつぎのように主張する。もしも煩悩が実体をもっていれば、それはいかにしてもそれから離脱することはできない。煩悩も空なのである。であるからこそ、修行によって煩悩を滅することができるのである。こうして空はなにものにもとらわれない境地に達しうる。それがさとり(anuttarā samyaksambodhiḥ 音写して「阿耨多羅三藐三菩提《あのくたらさんみゃくさんぼだい》」、訳して「無上正等正覚」)にほかならない。逆に、仏教の理想の境地であるニルヴァーナ、それに到達した如来、それらについても、またその反対の生死輪廻、そこに苦しみ悩んでいる凡夫、それらについても、ともに同様のことがいわれ、それらもすべて空であって、ニルヴァーナと生死輪廻、如来と凡夫の相依・相対・相関関係がいわれ、そのいずれにもとらわれてはならない。

このようなさとりに基礎づけられていることを、たとえば『金剛(般若)経』では、「応無所住而生其心」といい、「まさに住する(=とどまる)ところなくして、其の心を生ずべし」と説いている。

すなわち、ボサツは数多くの衆生(生あるもの)を済度するけれども、しかしそのボサツは、自分が誰を済度するのだと思ったならば、それは真のボサツでもないし、済度でもない。救うボサツも空であり、救われる衆生も空であり、さらに救われて到達する境地も空である、という。

『般若経』の説く第二のテーマは六ハラミツである。それは、布施《ふせ》（あたえる）、持戒《じかい》（戒を守る）、忍辱《にんにく》（たえしのぶ）、精進（つとめはげむ）、禅定《ぜんじょう》（静かに瞑想する）、そして般若（知慧）の六ハラミツ（六度）をいう。それはおそらく、初期仏教以来の伝統であった戒・定・慧の三学に、布施・忍辱・精進が加わったのであろう。三学がいわば自利的であるのに対して、ここに加えられた三つ、とくにはじめの二つは明らかに利他的であり、他人との協同体、共存共栄の関係があらわれている。

それならば、たんなる布施と、ここに説かれる布施ハラミツとは、どこが異なるのか。布施はあたえることである。ものを誰かにあたえるという場合、ふつう考えられるのはギヴ・アンド・テイク（give and take）である。ギヴする、すなわちあたえることは、それのお返しとして、なにかを受け取ることにつながっている。あたえっぱなしでもないし、取りっぱなしでもない。ところが布施ハラミツはつぎのように説かれる。布施ということからは、布施する施者、それを受け取る受者、そこにあたえられる施物という三つのものがそろってはじめて可能となる。そのうちのどれか一つが欠けても、布施は成立しない。したがって、施者がひとり横暴に受者のお返しを要求し、ないし期待するということがあってはならない。この三つがあいともなって（和合して）はじめて成立することを自覚する布施（このようなありかたを「三輪清浄」という）を、布施ハラミツというのである。以下の持戒ハラミツ、忍辱ハラミツ、精進ハラミツ、禅定ハラミツ、般若ハラミツもすべてそうである。ここには明らかに「空」の思想が貫かれている。そのような六ハラミツをすべての『般若経』は説いている。

最後に『大品』にある忘れがたい一句を紹介しよう。それは同書の始めのほうにある。

仏は独り我がために法を説く、余人のためにはあらず（大正蔵、八巻、二一八ページ上）。

右の一文は、厖大な仏教経典のどこにも、かつて説かれたことはなかった。そこでは、宗教のどこまでもかぎりないかなたに、仏があらわれ、真理の追究が説かれるとき、わたくしたちはそれを全自己をもって、わたくしたちの全人格をもって、しかもまったく自己ひとりのものとして、受けとめ、受けいれる以外ないのである。それが「仏は独り我がために法を説く」という自覚を呼びおこし、そしてあらためて、真理そのもの、宗教の世界への没入、しかもそれはどこまでもはてしない追究にあることを思わしめる（なお右の一文は『大品』系の『放光般若経』『光讃般若経』およびサンスクリットの『二万五千頌般若』のいずれにも、類似の表現がある）。

以上のように語ると、読者のなかで『歎異抄』に親しんだかたがたは、その末尾にあるつぎの一文、すなわち、

上人（＝法然）のつねのおおせには、弥陀の五劫思惟の願をよくよく案ずれば、ひとえに親鸞一人がためなりけり。

を思いおこされるにちがいない。

あるいはまた、パウロのつぎのことば、

もはや我れ生くるにあらず、キリスト我がうちにありて生くるなり（ガラテヤ書、二ノ二〇）。

のニュアンスも、これによく類似していることに驚かされるであろう。

維摩経

『般若経』に説かれた「空」の思想によって理想の境地であるニルヴァーナも、凡夫がつねに迷い悩み苦しんでいる生死輪廻もともに、とらわれてはならないことがいわれ、それが執

著の対象とはならないところから、逆に、日々の日常生活においてニルヴァーナが実践されることになる。それが空の実践ということであり、またボサツの精神である慈悲行は、ここに場所を占める。そこには出家も在家もなんらの区別は立てられないが、そのようななかで、むしろ出家が否定されて、在家を賞賛する経典が現われた。これこそ大乗仏教ならではのことである。

その代表的な経典が『維摩詰所説経《ゆいまきつしょせつきょう》』略称『維摩経』である。このテクストのサンスクリット本は、まだ発見されていないが、後期の他のサンスクリット・テクスト（『シクシャーサムッチャヤ』『プラサンナパダー』『バーヴァナークラマ』など）に引用されていて、その断片を知ることができる。漢訳は三本あるが、クマーラジーヴァ（Kumārajīva　鳩摩羅什）の訳した右の経が、もっぱら読まれた。チベット訳もある。

『維摩経』の舞台はヴァイシャーリーの街である。ここは、古い時代には、ヴェーサーリーと呼ばれ、ヴリッジ国リッチャヴィー族の首都として栄え、商工業の中心地で、市民の選挙した執政官が政治をおこなっていた。

「仏国品《ぶっこくほん》第一」の冒頭に、仏が八千人のビク、三万二千のボサツとともに登場する。まずこの仏をとりまくひとびと（眷属）への讃歌から、経ははじまる。かつての『般若経』は、舞台は王舎城で、やはり仏とその眷属への讃歌があってのち、直ちに主題である「般若ハラミツ」の問答が開始された。しかし『維摩経』はそのような短兵急なことはしない。続いて、長者の子の宝積を、五百人の仲間（いずれも長者の子）とともに登場させて、宝積の仏への讃歌を、偈頌《げじゅ》をもってうたいあげる（なお宝積は『般若経』では、東方世界の仏であった）。このような讃仏の偈は、これからはじまるドラマの幕あきに、まことにふさわしい。

次に、宝積の「仏国土の清浄、ボサツの浄土の行」への問に、仏はくわしく説いて教える。そこで宝積は消えて、舎利弗《しゃりほつ》（シャーリプトラ）の登場となる。

いずれにせよ、この品に仏国土―ボサツの浄土の普遍性が説かれ、とくに、

其の心の浄きに随いて、則ち仏土も浄かるべし。

の句に支えられて、仏国土がいたるところに現前することが示され、舞台はすっかりととのえられる。

「方便品《ほうべんぼん》第二」に、いよいよヒーローの維摩（正しくは維摩詰、ヴィマラキールティ）が舞台にのぼり、以下、「見阿閦仏品《けんあしゅくぶつほん》第十二」まで、すなわちこの経（全十四章）の大部分は、維摩の独壇場である。

第二章はほぼ維摩の紹介にあてられている。かれは世俗のひとで、妻子のある在家人であり、資産者である。職業人として生活し、遊戯や酒食の場にも入りこむ。しかもかれは深く大乗仏教を理解し、体得し、実践している。とくに方便をもって、ひとびとを救う。病いを

見舞にきてくれたひとびとに、無常・無我などの法を、巧みな譬喩をもって教え、仏身をねがうべきことをさとす。『維摩経』の文学性は、このあたりから次第に多弁となる。

「弟子品《でしほん》第三」からドラマがはじまる。

維摩は病床にある。仏は仏弟子第一の舎利弗に見舞に行くように命ずる。しかし舎利弗はかつて維摩にやりこめられたことがある。そのときのやりとりを仏に申しあげて、見舞に行くことを辞退する。

仏はやむを得ず、目連《もくれん》（大目犍連《だいもつけんれん》、マハーマウドガリヤーヤナ）に命ずる。これも舎利弗と同じ態度をとる。以下、大迦葉《だいかしょう》（マハー・カッサパ）、須菩提《しゅぼだい》（スブーティ）、富楼那《ふるな》（富《ふ》楼那弥多羅尼子《るなみたらにし》、プールナ・マイトラーヤニー）、大迦旃延《だいかせんねん》（マハーカーティヤーヤナ）、阿《あ》那律《なりつ》（アニルッダ）、優波離《うぱり》（ウパーリ）、羅睺羅《らごら》（ラーフラ）、阿難《あなん》（アーナンダ）に順次に命じ、それぞれ舎利弗の場合と同じように、かつての維摩との問答を仏に申しあげて、維摩をあえて訪ねることのできない苦しさを打ちあけ、みな辞退してしまう。

以上の十人は、仏の十大弟子と呼ばれ、いわば初期仏教―小乗仏教（上座部仏教）では、仏に次ぐ、あるいは仏にならぶ偉大なひとびとである。初期仏教経典では、かれら（のひとり）が、仏の代行をすることも少なくなかった。

そのひとびとがすべて維摩に歯がたたないことを告白するという構成は、在家の維摩が、また維摩の体得した大乗の法が、初期仏教―小乗仏教をはるかに超えたものであることを示

している。そしてこの品の末尾には、

　五百の大弟子、各各は仏に向かいて其の本縁を説き、維摩詰の言える所を称述して、皆彼に詣って疾いを問うに任《た》えずといえり。

とある。すなわち十大弟子のみならず、五百の大弟子すべてが維摩に及ばないというのである。

「菩提品《ぼさつほん》第四」では、仏が弥勒ボサツ、光厳童子、持世ボサツ、長者の子の善徳に命ずるが、やはりそれぞれ先に維摩にやりこめられた経緯をくわしく説明して、辞退する。

　以上の第三章・第四章に出てくる一種の打ちあけ話は、深い思想を巧みな文学的叙述によって表現し、長すぎず、短かすぎず、読んでいるうちに、ひとりでに維摩の傑出した姿が伝えられるようにしくまれている。

「文殊師利問疾品《もんしつほん》第五」に入って、ドラマは急展開し、維摩の病気の見舞いを引き受ける役があらわれる。知慧をもって知られる文殊（文殊師利、マンジュシュリー）である。

　仏が文殊に使者の役を命じたとき、文殊はもちろん維摩の偉大さを知っている。「あのひとは、私などが応待するのはまことにむずかしい。深く実相に達しており、善く真理の本質を説き、しかもその弁舌はとどこおることなく、知慧は無礙である。一切のボサツの法をすべて知っており、諸仏の秘密の教えの倉でも入れないところはない。もろもろの悪魔を降伏させて、人間の力の及ばない神通を悠々とやってのける。その知慧と方便とは、すでに完成の域に達している。しかしそうではあるけれども、いま仏が私に行けと仰せられる以上、その仰せを受けて、かれのところにまいりましょう。そして疾いを見舞いましょう。」

文殊の発想は、このように前のひとびとと根本的に違う。維摩が偉大であり、かなわないから行かないのに対して、維摩が偉大であり、あまりにもすぐれているからこそ行くのである。おそれていては、また過去にのみとらわれていては、なにもはじまらない。行くところに、未来に求めて賭けるところに、道はひらかれるのである。しかも文殊は仏から命ぜられたことを自分の最大の励みとし、自分の力として、出かけて行く。

文殊と維摩との白熱した論戦が展開されるというので、舎利弗など、かつて辞退したひとびとをはじめ、仏をかこんでいた八千のボサツ・五百の大弟子・五千の天人が、みなぞろぞろとついて行き、ヴァイシャーリーの維摩の邸に向かう。

維摩は文殊の来ることを知って、神通力により、その部屋をからにし、もちものや使用人などみな去らせ、ただ寝床を一つだけ置いて、そこに寝ていた。

まず維摩が文殊に声をかけ、二人の問答がかわされる。疾いに関する維摩の答のなかに、次のような有名な一節がある。

一切の衆生病むをもって、この故に我れ病む。若し一切衆生の病いを滅せば、則ち我が病いも滅せん。……衆生病むときは則ち菩薩も病み、衆生の病い癒ゆれば、菩薩も亦た癒ゆ。またこの病いは何に因りて起これるかと言わば、菩薩の病いは大悲をもって起これるなり。

ここに一切衆生への慈悲を本質とするボサツの真の姿が、ありありとうかがわれる。そのあと、からの部屋についての問答は、「空《くう》」の問題に発展して行く。さらに無常・苦・無我・平等・無所得・方便・ボサツ行などを、維摩がくわしく説明して、文殊についてきたひとびとは、無上のさとりを求める心を発する。

ここへ「不思議品《ふしぎほん》第六」のエピソードが入る。文殊のあとについてきた舎利弗は、長いあいだ問答を聞いていたが、部屋に椅子がないので、どこに座ったらよいのかと考える。その考えを維摩はすぐに見破って、舎利弗に語る、「あなたは法のために来たのか、椅子を求めに来たのか。」舎利弗は答える。「我れ法のために来る。床座のためにはあらざるなり。」維摩そこでさらに法を求めることの意味をくわしく説明し、「若し法を求むる者は、一切の法に於て求むる所なかるべし」と結論する。

さらに維摩は不思議を演出する。すなわちその神通力をもって、須弥相国から三万二千という厖大な数の椅子をとりよせて、それらをずらりと部屋にならばせる。その三万二千の椅子がむりなくその部屋に入り、窮屈はない。まことに不思議というほかない。しかも不思議なことに、神通を得たボサツはすっとその椅子に座るけれども、舎利弗をはじめ、多くのボサツになりたてのものは、座が高すぎて、座ることができない。ようやく維摩に須弥相国の須弥燈如来に礼拝するようにいわれて、それを果すと、椅子に腰かけることができた。

以下、維摩は舎利弗に、また大迦葉などに、不可思議解脱について教える。これも「観衆生品《かんしゆじようほん》第七」には、（文殊と維摩との問答のあとに）ひとりの天女が登場する。これもまたいちじるしく文学的な叙述で飾られている。その大要は次のとおり。

天女はもろもろのボサツや大弟子たちの上に、天の華《はな》をふらせる。するとその華は、ボサツのところにふりかかったものは、すぐにみな落ちてしまったのに、仏弟子たちへのものは、くっついて落ちない。仏弟子たちは、神通力でその華をふり落とそうとするけれども、どうしてもとれない。天女は舎利弗に問う、「なぜ華をとろうとするのですか。」舎利弗は答える、「この華は、ビクにふさわしいものでないからです。」以下、天女と舎利弗との問答が続けられて、その途中には、舎利弗が天女の神通力によって、いったん女身に変えられることなどがおこり、結局、問と答とを重ねて行くうちに、舎利弗が自分は凡夫とはならないという高慢もへしおられ、真のさとりのありかたを教えられる。

あとの諸品のうちから、『維摩経』のなかでとくに重要であり、また最も有名な「入不二《にゆうふに》法門品《ほうもんほん》第九」をもって、しめくくりとしよう。不二の法門、すなわち、仏教におけるさとりのクライマックスに位置するいわば唯一・絶対の教えは何か、どうしてその教えを体得するか、というテーマを、この品はドラマティックに描き出す。

この問は維摩から提出される。そこにいならぶ諸ボサツは次々と答える。法自在ボサツ、徳守ボサツ、不眴ボサツ、徳頂ボサツ、善宿ボサツ、善眼ボサツ、妙臂ボサツ、弗沙ボサツ、師子ボサツ、師子意ボサツ、浄解ボサツ、那羅延ボサツ、善意ボサツ、現見ボサツ、普守ボサツ、電天ボサツ、喜見ボサツ、明相ボサツ、妙意ボサツ、無尽音ボサツ、深慧ボサツ、寂根ボサツ、心無礙ボサツ、上善ボサツ、福田ボサツ、華厳ボサツ、徳蔵ボサツ、月上ボサツ、宝印手ボサツ、珠頂王ボサツ、楽実ボサツ、以上の三十一ボサツが自説を語ったあと、文殊は答える、

我が意の如くんば、一切の法に於いて、言もなく、説もなく、示もなく、識もなく、もろもろの問答を離る、是を不二法門に入ると為す。

すなわち、言・説・示・識の及ばないことを文殊は説く。最後に、文殊がそれを維摩に問う。

時に維摩詰は黙然として言なし。

ここには言・説・示・識の及ばないということさえいわない。それらの及ばないことを、維摩は「黙」をもって、実際にひとびとの前に示している。文殊は思わず感歎していう。

善いかな、善いかな、ないし文字・語言あることなし。是れ真に不二法門に入れるものなり。

この入不二法門品を説いたとき、この衆のなかの五千のボサツはみな不二法門に入り、さとりを得た。

なお「仏道品第九」には維摩のつぎの有名な詩句がある。

智度は菩薩の母なり。方便を以って父と為す。一切の衆《もろもろ》の導師は是より生ぜざるはなし。法喜を以って妻と為し、慈悲の心を女《むすめ》と為す。……

維摩はこうして文殊はもとより、すべての仏弟子を凌駕している。このことを堂々と説くのが『維摩経』である。このことから、大乗仏教に占める在家者の高い地位を知ることができる。

また『維摩経』は、後世中国やわが国の禅門の人々に好んで読まれ伝えられている。

在家者の大乗仏教に占める地位については、いわゆる中期大乗仏教経典の初期にあらわれる『勝鬘経』にも見ることができる。この経の構成は、中インドのシュラーヴァスティ（舎衛国）のプラセーナジット王（波《は》斯匿《しのく》王《おう》）の王女でアヨードヤ（阿踰世国）の友称王の妃である勝鬘夫人が、ブッダの前で、ブッダの無量の功徳を賛美したあと、十大誓願、三大願を立て、さらにブッダの威神力によって、ブッダの説かれた正法を体得することの真実の意味を夫人が開陳すると、その一々に対して、ブッダはしばしば賛辞をさしはさみながら、その説を受け入れて承認する、という形式を取っている。勝鬘夫人は王妃であるから、もちろん在家であり、しかも女性である。そのヒロインによって『勝鬘経』が成立していることは、在家仏教運動の高まりを示すものといえよう。

なお余談ながら、日本にはじめて仏教が渡来して研究が進められたとき、数多くの経典のうちから、聖徳太子は、後述の『法華経』に加えて、『勝鬘経』『維摩経』（これについては異説もある）の三つの経を取りあげ、それぞれに義疏を作成したということは、日本仏教の根本的性格の一つとして、在家仏教の底流を引いたということになる。

浄土教経典

先に「ほとけたち」のところで述べたように、大乗仏教成立には、多くの諸仏・諸ボサツ

の登場と発展とがある。そのうち、とくに有力な浄土思想には、

① 弥勒ボサツの兜率天の浄土
② 阿閦《あしゅく》仏の東方妙喜国の浄土
③ 阿弥陀仏の西方極楽世界の浄土

の三つがあった。これらのうち、①と③については、かなりくわしく述べておいた。②の阿閦仏信仰については、『阿閦仏国経』という古い訳があり、またこの仏については、『般若経』諸本、『維摩経』『華厳経』『悲華経』『首楞厳三昧経《しゅりょうごん》』などが触れている。しかし、この信仰はそれほど発展せず、もっぱら③の阿弥陀仏信仰が栄えた。そのために、この阿弥陀信仰を浄土教と称し、中国・日本では、それを主題とするつぎの三つの経典を浄土三部経と呼んできている。

① 『無量寿経』二巻、康僧鎧《こうそうがい》訳（略称『大経』）
② 『観無量寿経』一巻、畺良耶舎《きょうりょうやしゃ》訳（略称『観経』）
③ 『阿弥陀経』一巻、鳩摩羅什訳（略称『小経』）

そしてこれらのテクストや内容について、とくにその全体を代表する『無量寿経』の内容について、先の「ほとけたち」の「アミダ仏」のところに詳述したので、ここに再説する必要はあるまい。加えるべきところとしては、いわば西方の極楽世界の浄土の描写である。

極楽世界は西方十万億の国土をすぎたところにある理想の楽園である。国土は、金・銀・瑠璃《るり》・珊瑚《さんご》・琥珀《こはく》・硨磲《しゃこ》・瑪瑙《めのう》の七宝から成り、大地は山も海も谷もなく、まったく平らである。四季の区別がなく、気候は暑からず、寒からず、つねに快適である。七宝の宝樹が立ちならび、清風が吹くと、微妙な音が聞こえる。講堂・精舎・宮殿・楼観があり、多くの浴池があり、水がみちあふれ、清浄で、甘露の味がする。池の岸には香りのよい栴檀樹《せんだんじゅ》が立っている。池に入ると、その快さは格別で、波が自然の妙声をあげる。そこにいる人間（男性のみで女性はいない）はすべて平等で、顔・かたちが端正で、希有の美しさをもつ。食事をしようとすれば、自然にかれの前にそなわるが、食事をとるものはいない。ただ色を見、香りを聞いて、こころに食事をすると思えば、自然に満足するからである。

『無量寿経』において、ダルマーカラ（法蔵）ボサツのアミダ仏への成仏、そして右に述べた極楽世界の描写などは、すべて仏が阿難に語ったところであるが、終わりのほうで、突然変化して、弥勒を相手に仏が説くようになる。その内容は、三毒、五悪などの説明がくわしく、いわば自力主義的であり、その前までは阿難に語ってきたアミダ仏への信仰の強調、すなわち他力主義的と、かなり異なっている。なおダルマーカラの話は『無量寿経』のみにあり、他の二経にはない。

『観無量寿経』では、最初に阿闍世《あじゃせ》王の話があり、そのなかで、仏が阿難と韋提希《いだいけ》妃（阿闍世王の母）とに対して、アミダ仏を語り、さらに心を統一して浄土を観想する十三の方法を説き、とくにひたすらアミダ仏およびその化仏としての観世音・勢至の二ボサツを念じ、観ずべきことを強調する。

『阿弥陀経』はさらに短い経典で、仏が舎利弗に極楽世界の美しさ、その仏国土におられるアミダ仏の荘厳をうたい、極楽世界に生まれるには、アミダ仏の名号をもっぱら称えることをすすめ、末尾に信を強調している。

なおアミダ仏信仰は、発生地のインドではそれほどまでに栄えた記録はないが、中国、日本ではとくに栄え、とくにわが国では、源空（法然）の系統の浄土宗、親鸞の系統をひく浄土真宗は、最大の信徒を擁する大教団に発展した。

華厳経

『華厳経』、正しくは『大方広仏華厳経』は、漢訳が二本あり、ともに名称は同じであるが、一つが六十巻、他が八十巻から成るので、それぞれ『六十華厳』『八十華厳』と呼んでいる。チベット訳もある。サンスクリット本は、これらのうち、『十地品』と『入法界品』とが現存し、公刊されている。また他の章の一部が後代のサンスクリット本（『シクシャーサムッチャヤ』）に引用されている。右の二本のサンスクリット本のうち、『十地品』は『漸備一切智徳経』『十住経』『十地経』の名の異訳があり、また『入法界品』は増広されて、やはり『大方広仏華厳経』の名で漢訳されており、それは四十巻から成るので『四十華厳』と略称される（この部分の異訳もある）。なおこれは、ナーガールジュナ作といわれる『大智度論』には、『不可思議解脱経』の名で登場している。以上の二章のほか、他の章にも、それに相当する漢訳の異訳単経が少なくない。

こうしたところから、『六十華厳』にせよ、『八十華厳』にせよ、現在『華厳経』といわれるものは、古い時代に、その一部が単独でばらばらに成立し、それらがそれぞれに発展し、そして最後に一本の経典にまとめられたものであることが確かめられるけれども、このような経典の成立のありかたは、大乗経典一般に見られるところであり、先の『般若経』でも、後述する『法華経』でも、同様のことが主張されうる。

このようにしてできあがった『華厳経』は、その名のとおり、文章は実に荘厳・華麗であり、まことに雄大な規模の内容をもっていて、説話の場所は地上から天上へ、そして天上さらにはるかにのぼって行き、最後に再び地上におりてくるという構成を取り、計七処（処は説法の場所）八会（『八十華厳』は九会。会は説法の会座）から成る。

『華厳経』は、仏がさとりをひらいた直後に、そのさとりの世界・内容を直接表現したもの、と古来理解されている。

いま『六十華厳』について、その内容の大要を見て行こう。

第一会（1～2章）はマガダ国の寂滅道場が舞台である。仏がはじめて正覚を成ぜられたとき、その地は金剛のごとく清浄且つ荘厳であった。その地の荘厳がさらに多くのことばで飾りたてられる。その仏は、教主のビルシャナ仏（ヴァイローチャナ）と一体であるが、宝師子座におられて、しかもこの身はあまねく一切道場に座しておられた、と説いて、ここに華厳思想の一つである「一即一切」「一切即一」ということが示される。そして、普賢をはじめとする諸ボサツ、金剛力士、諸神、諸王、天子、天王、天から成る三十四衆が、仏の正覚をほめたたえる。仏は光明を放って蓮華蔵世界をうつしだす。その十方に無数の世界海があり、それぞれに如来がいる。とくに普賢は、ことばを尽くして、蓮華蔵世界の荘厳を説く。

第二会（3～8章）はマガダ国の普光法堂を舞台とする。ここに計六章あるが、信についての十信を説き、前半三章は所信の果である身口意について、後半の三章は信それ自体に関する解行・証（徳）を述べる。なお以下に、『華厳経』ではつねに「十」という数が出てきて、ほとんどすべてのものが「十」でまとめられている。この場合、「十」は満数であって、これによって、無限性と完全性とをあらわす。この会では、文殊師利が活躍し、苦集滅道の四諦をはじめ、非常に奥深い法を説く。

第三会（9～14章）から舞台は天上に昇り、まずここでは仏は須弥山（スメル）の頂上すなわち忉利《とうり》天《てん》にいる。しかし経には、世尊は威神力の故に此の座を起たずして、須弥の頂に昇り、帝釈宮に向いたまえり。

とあって、自在無礙の境地が示されている。これからいよいよボサツ道が説かれ、この会の計六章では住について説かれ、それが十住の法として説明される。十住とは、①初発心住、②治地住、③修行住、④生貴住、⑤方便具足住、⑥正心住、⑦不退住、⑧童真住、⑨法王子住、⑩灌頂住で、『マハーヴァストゥ』の説くものと近い（これがのちの「十地」に発展して行くと見られている）。一々については、菩薩十住品（11章）にくわしい説明がある。なお明法品（14章）には、十ハラミツ（六ハラミツに、方便、願、力、智ハラミツを加える）がくわしく説かれる。なおこの十ハラミツ説は、以後、十行品（17章）や十地品（22章）などにも登場する。

第四会（15〜18章）はさらに上昇して夜摩天宮が舞台となる。ここでは、前の二会が信と住とを説いたのに対して行について説かれ、それがつぎの十行によって明らかにされる。すなわち、①歓喜行、②饒益《にょうやく》行、③無恚恨《むいこん》行、④無尽行、⑤離癡乱行、⑥善現行、⑦無著行、⑧尊重《そんじゅう》行、⑨善法行、⑩真実行である。とくに功徳華聚菩薩十行品（17章）は、この十行をくわしく説き、その十行がそれぞれ十ハラミツの各々にあてはめられる。

第五会（19〜21章）は兜率天宮《とそつてんぐう》に移り、ここで廻向《えこう》が問われ、つぎの十廻向が説かれる。

すなわち、①一切衆生を救護して衆生の相を離れた廻向、②不壊の廻向、③一切の仏に等しい廻向、④一切の処に至る廻向、⑤無尽の功徳蔵の廻向、⑥平等に随順する善根の廻向、⑦随順して等しく一切衆生を観ずる廻向、⑧如相の廻向、⑨無縛無著の解脱の廻向、⑩法界無量の廻向である。とくに金剛幢菩薩十廻向品（21章）は、この十廻向をくわしく説く。

第六会（22～32章）の舞台は他化天宮である。このうちの十地品（22章）は先に述べたとおり、サンスクリット本、漢訳異訳があり、『大智度論』にも引用され、『華厳経』中で古い部分である。この章の内容を少しくわしく示そう。つぎの十地にそれぞれ十ハラミツがともなわれることも上述のとおりである。すなわち、①歓喜地─「大悲を以って首と為し」、衆生に供養して、求めるところをあたえようとし、仏法僧の三宝において歓喜の心を発する。②離垢地─初地を具足して十種の真心を生ずれば、この第二地に入り、ここでは三種の浄戒を順次に説く。③明地（発光地）─第二地を浄めおわって、十種の深心を生ずれば、この第三地に入り、ここでは深く法を求め、一切有為法の如実の相を観ずる。④焔地（燄慧地）─第三地を浄めて、十種の法明門を得れば、第四地に入る。これは知慧の火で煩悩を焼く処の意味である。八正道を修し、厭と離と滅とに依止し、ニルヴァーナに向かう。⑤難勝地─十種の平等心によって第四地から第五地に入る。断じがたい無明の煩悩を断ずる処をあらわす。もはやいかなるものによっても、支配を受けることがない。⑥現前地─十種の平等法によって、第五地から第六地に入る。般若ハラミツに相当するところで、大智が現前し、十地中もっとも重大な個所である。また大悲を首とし、世間の生滅の相を観じ、十二因縁を順逆に考察する。つぎの有名な句がある。「三界は虚妄にして但だ是れ一心の作るところなり。十二（因）縁分は是れ皆な心に依る。」いわゆる唯心思想の根拠である。⑦遠行地―方便慧にしたがって十種の妙行をおこし、第六地から第七地に入る。ここでは修行が完成し、声聞縁覚の境地を遠く離れている。もはや煩悩はなく、ニルヴァーナにも生死にも自由に出入できる。⑧不動地―不生不滅の法のありかたを知り決定安住する（無生法忍）を得、仏地に入り、もはや退くことはなく、こわれることもない。目的にとらわれない心のはたらきが自然に湧き出る。⑨善慧地―十の思惟を果たして第八地から第九地に入る。ここでは自由で不可思議な知慧を得、衆生を教化する法を知り、説く。⑩法雲地―十種の思惟をおこない、第九地から第十地に入る。ここは無生法忍をこえた一切智の位である。無数にある三昧の最後の益一切智三昧が現前する。大蓮華があらわれ、無数の如来が大法の雨を降らして、それを受けとめる。

第六会ののこりの部分では、十明品（23章）は十種の明（知慧）を、十忍品（24章）はボサツの成就する十種の忍（智）を、いずれも普賢ボサツが説く。心王菩薩問阿僧祇品（25章）は心王ボサツの問いに対して、仏が大数の説明をする。寿命品（26章）は心王ボサツが仏の寿命の長短自在であることを説く。菩薩住処品（27章）は心王ボサツのはたらきが世界にみなぎっていることを述べる。仏不思議法品（28章）は修行が成就した果徳を明らかにする。如来相海品《にょらいそうかい》（29章）では普賢ボサツが仏身のそなえる九十四の妙相をあげて賛美する。仏小相光明功徳品（30章）は仏自身や天子や天の声などで仏徳の種々の功徳を述べる。普賢菩薩行品（31章）は普賢ボサツが仏と等しい位にまで達することを説くが、その説明中に、上述の「一即一切」「一切即一」の説なども入っている。宝王如来性起品（32章）で如来があらわれる。ここには種々の譬喩が説かれている。

第七会（33章）は再びマガダ国の普光法堂にもどり、これまでの説をくり返し要約して述べる。すなわち、計二百句の問いがあり、十信、十住、十行、十廻向、十地、そして因円満果が説かれる。

第八会（34章）は舎衛城のジェータの園の重閣講堂が舞台となる。これは前述の「入法界品」であり、『華厳経』の古い部分に属する。サンスクリット本や漢訳異本のあることもすでに述べた。ここでは善財童子という少年が、人々をたずねて法を聞くという一種の修行遍歴物語である。その相手となるのは文殊師利に始まって、ビク、ビクニ、医師、長者、在家の男女の信者、童子、童女、娼婦、海師、バラモン、外道の人々、王、天、仙人を経て、再び文殊にもどり、最後に五十三人目（うち女性十名）に普賢に出会って、さとりをひらくというストーリーによっている（東海道五十三次はこれによっているといわれる）。

ともあれ、『華厳経』は、無比の雄大な構想をもって、壮大な規模のうえに立てられた経典で、諸経典中の王のごとき感を示す。

中国ではこれにもとづいて華厳宗が樹立されて中国仏教史に非常に大きな影響力をもつ学派―宗派をなした。その一部は奈良時代にわが国に伝わり、南都六宗の一つとして栄え、東大寺はその総本山であり、大仏はビルシャナ仏である。

法華経

数ある仏教経典のなかで、『法華経』ほど広く読まれた経典はない。ところが、『法華経』には種々さまざまなテクストがある。サンスクリット本があり、チベット訳本があり、漢訳本があり、その他、多種の断片がある。サンスクリット本にも種々があり、大きく分けて、ネパール本、西域本（ペトロフスキー本とファルハドベク本）、ギルギット本、その他の断片がある。漢訳にも、『正法華経』『妙法蓮華経』『添品妙法蓮華経』の三種のほか、一部の異訳がある。このようなさまざまな本があるということは、『法華経』が広く読まれたことの証拠にもなっている。しかしながら、厳密な意味で「法華経ほど広く読まれた経典はない」という場合には、右の諸本のうちのどのテクストであるかを決定する必要があり、それはなんといっても、クマーラジーヴァ（鳩摩羅什）訳の『妙法蓮華経』である、といってよいと思われる。中国において、日本において、漢訳の当初からさかんに読まれ、それは過去千五百年間ずっとそうであったうえに、現代にまでつながっている。

右のような事情から、以下の叙述はこの『妙法蓮華経』によって、章節を立て、文を引くことにする。なお引文はほとんど口語訳にしたが、それは先に、わたくしが梵本・諸註釈本を参考にして口語訳して公刊した『法華経現代語訳』（上・中・下、レグルス文庫、第三文明社）による。テクストの説明その他については、同書（下）の「あとがき」を一読して頂ければ幸いである。

法華経は、その他の多くの大乗経典と同じく、現形のものが、当時一時に全部が完成したのではない。各章ばらばらに、しかも各章のなかの散文と詩句とも、ごく一部を除いて、別々に成立した、と考えられる。

このように、『法華経』は散文と詩句とから成るが、多くは両者の内容は類似しており、すなわち、詩句は散文の反復であるが、そうでない場合もある。以下には両者をまとめて説明する。

『妙法蓮華経』中、すべてのひとが指摘するとおり、大きな山は二つある。一つは方便品第二、他の一つは如来寿量品第十六である。とくにこの二章について詳説し、他はなるべく簡略に述べて行くことにしよう。

〔序品《じょほん》第一〕仏は王舎城の霊鷲山《れいしゅうざん》におられる。ビク一万二千人、学修中のものと学修の終えたもの二千人、ビクニ六千人、ボサツ八万人、天子計七万二千人、八竜王その他、阿闍世王と若干の百千の眷属がつらなる。仏は無量義処三昧に入られる。天から花が降り、大地が震動して、大衆はじっと仏を見つめる。仏は眉間の白毫相から光を放ち、東方の一万八千世界を照らす。そのいわれを弥勒《みろく》ボサツは文殊ボサツに質問する。文殊ボサツは答える。「大昔に日月燈明仏があらわれ、同様の瑞相をあらわして法華経を説かれた。いままた法華経が説かれるであろう。なお過去の日月燈明仏は二万あり、その最後の日月燈明仏に八人の王子があり、妙光ボサツに仕えて、みな仏道を成就したが、最後に仏となったのが燃燈《ねんとう》仏であった。また妙光ボサツの弟子八百人のひとりに求名《ぐみよう》ボサツがいた。弥勒よ、わたくしが妙光ボサツ、あなたが求名ボサツなのだ。つねに仏は法華経を説いている。」

〔方便品《ほうべんぼん》第二〕世尊は三昧より立って、舎利弗に説かれる、「仏の到達した智慧は甚だ深く、際限がなく、多くの教化の方法（方便）をもって、生あるものたちを教えてきた。仏の智慧の内容＝諸法実相はつぎの十如是である、如是相、如是性、如是体、如是力、如是作、如是因、如是縁、如是果、如是報、如是本末究竟等（十如是については、上掲拙訳（上）四八～四九ページ参照）。これはどんな賢者も知ることができない。」舎利弗はひとびとの疑いの心を知り、仏に、その奥深い法を説いてくださるよう、三たびにわたって切願する。そこで世尊はついにこの法を説くことを宣言される。そのとき、五千人のビク・ビクニ・在家の男女の信者がその場を退出した。かれらは慢心をいだき、すでにさとりに達していると思いこんでいるひとびとであった。世尊は沈黙のまま見送る（五千起去はその後の問題の一つとなる）。仏は説かれる、「この法は通常の思慮分別では理解できない。しかしあえて生あるものたちを仏の智慧の理解の道に入らせんがために、世界に出現した。如来にはただ一乗があるのみであって、二乗、三乗はない。ただ教化の方法として三乗（小乗すなわち声聞乗と縁覚乗、および大乗すなわち仏乗）の教えを説いてきたが、それは機に応じての説法であり、実は一仏乗のみである。」そのあと、百余の詩句があり、そのなかに仏に因縁あるものはすべて仏道を成ずると説く。非常に寛容で包容力に富むものが数多くある。その幾つかを紹介しよう（洋数字は『妙法蓮華経』の詩句の番号）。

荒野のなかで、土をつみあげて仏のみたまやをつくり、さらには、少年がたわむれながら、砂を集めてきて仏塔をつくる、
このようなひとびとは、みなすでに仏道を成就している（84）。
また少年がたわむれながら、あるいは草や木や筆で、
あるいは指の爪先でもって、画いて仏像をつくるのも（89）、
このようなひとびとは、次第次第に功徳をつんで行って、大悲の心をそなえるようになり、みな仏道を成就している（90）。
あるいはあるひとが礼拝し、あるいはまたただ合掌だけをし、
あるいは一方の手をあげるだけでも、あるいは少し頭を下げるだけでも、
それらのうちのなにかをもって像に供養するならば、次第に量りしれないほど多くの仏を見たてまつるようになる（96）。

もしもだれかが心が散乱していても、塔のみたまやのなかに入って行って、ひとたび「南無仏」（仏に帰依したてまつる）と称するならば、そのひとびとはみなすでに仏道を成就しているのである（98）。

以上はその一端であるが、舎利弗をはじめ多くのひとびとが仏と成り、しかもその成仏は諸仏の本願であると説くことが、この章の中心課題であり、それは法華経全体を通じて最も重要なテーマであり態度である。

〔譬喩《ひゆ》品《ほん》第三〕舎利弗は教えを聞いて歓喜し、合掌し、これまで小乗の法しか聞けなかったのに、未来に成仏できるという予言を聞き、仏の子であるという自覚を得たことを、仏に感謝する。つぎに仏は譬喩を説かれる、「大長者がおり、ただしその家は古く朽ちかけている。その家に火事がおこる。そのとき子どもたちは遊びに夢中で、火事のことなど知らず、また怖しさも知らない。そこで教化の方法として、前から欲しがっていた羊の車、鹿の車、牛の車が門の外においてあるから、それで遊ぶようにいう。子どもたちは喜んで門の外へとび出して行く。長者はそこで子どもたちに、白牛の引くすばらしい装飾をほどこした車をあたえる。以上は教化の方法であり、父は仏、子どもたちは生あるものたち、この世界は燃えている（三界火宅）、三車は三乗、白牛車は一仏乗である。」

〔信解《しんげ》品《ほん》第四〕すでに舎利弗が成仏の予言（授記）を受けたことを、須菩提《しゅぼだい》、摩訶迦旃延《まかかせんねん》、摩訶迦葉《かしょう》、摩訶目犍連《もくけんれん》の四人が喜び、それにちなんで、つぎの譬喩を語る、「少年が家出して、他国に行き、十年、二十年、五十年たち、放浪を続けて、生国に向かう。父は非常な金持であるが、息子のことばかり考えている。たまたま息子が父の家の門に立つと、父は非常な威厳を示しているので、それが父とも知らず、逃げ出す。父は即座に息子を見抜いて、使者を送り、教化の方法を講じ、二倍の給料を払うという約束で、家につれてこさせ、汚物の処理を始めさせる。二十年はたらいてのち、父は息子におまえの好きなようにするがよいといい、やがて父の死期に近づくと、親戚・国王・大臣・長者を呼んで、これがわが子であり、私はこの父であり、私の財物をすべてこの子にゆずる、と告げる。この長者が如来、息子は仏の子である。」

〔薬草喩品《やくそうゆほん》第五〕世尊が摩訶迦葉に告げる、「山・川・谷・地に生ずる草木や叢林や薬草は種々さまざまである。そこへ一様・平等に天から雨が降り注ぐ。それぞれはそれぞれにふさわしくその雨を受けて成長する。そのように、如来の説法は一乗である。それを生あるものが、それぞれに応じて聞くのである。」

〔授記品《じゅきほん》第六〕世尊は、摩訶迦葉が未来に仏と成ることができるであろう、その仏の名は光明仏、その国は光徳、その年数を大荘厳と名づける、と予言する。そこで、大目犍連、須菩提、摩訶迦旃延が、詩をもって、同類の予言を乞う。仏は、須菩提が未来に仏と成ることができよう、その仏の名は名相仏（または月相仏）、国は宝生、年数は有宝と名づける、と予言する。つぎに、大迦旃延は仏と成り、その名は閻浮那提金光仏となるであろう、つぎに、大目犍連は仏と成り、その名は多摩羅跋旃檀香仏となるであろう、と予言する。これは、前の舎利弗に続いて、いわゆる小乗の声聞の弟子たちも、大乗の教えに従い、仏と成り得るという予言をしたものである。

〔化城喩品《けじょうゆほん》第七〕この章は前後と連絡がない。仏がビクに語る、「昔、大通智勝仏という仏がおられ、その国を好成、年数を大相と名づけた。仏の寿命は五百四十万億ないし一千億劫もある。この仏が出家する前に十六人の王子がいた。父の成仏のとき、天の光がみちあふれた。十万の梵天と十六王子は仏の説法を要請した。そこで大通智勝如来は、これを受けて、四諦の法を各々三つずつに分けて計十二のありかたで説き、ついで十二因縁の法を説いた。十六王子は出家して沙弥となった。かれらに法華経を説いて教えた。十六人は二人ずつ八方において仏と成った。」ここに譬喩を引く。「五百ヨージャナの危険で困難な悪路を進む一団がある。途中ですっかり疲れてしまい、引き返したいと指導者に申し出る。指導者は神通力をもって、三百ヨージャナのところに、城をつくり出し、そのなかで休ませる。そのあと、目的地は近いのだと激励して出発した。小乗の二乗は化城のようなもので、一仏乗を分別して三と説いたにすぎない。真の目的地は一仏乗にある。」なおこの詩のなかに、「願わくはこの功徳をもって普《あまね》く一切に及ぼし、われらと衆生と皆、共に仏道を成ぜん」（53）という有名な廻向文がある。

〔五百弟子受記品第八《ごひやくでしじゆきほん》〕前の第六に続く。富楼那弥多羅尼子は仏に礼拝し、仏の智慧を讃歎する。仏はひとびとに向かって、富楼那をほめ、長い年数ののちに必ず仏と成るにちがいない、その仏の名は法明仏、国は善浄、年数は宝明と称するであろう、と予言する。そのあと、仏は憍陳如《きようじんによ》以下千二百人の聖者の望みをいれて、のちにすべて普明仏という仏に成るであろうと予言し、続いて、三迦葉をはじめとする五百人の聖者もすべて普明仏という仏に成るであろうと予言する。五百人の聖者は喜んで仏の足に礼拝する。かれらは、譬喩を語る。あるひとが親友の家に行き、酒に酔って眠ってしまう。親友は公事があり、宝珠を友人の衣の裏に縫いこんで出かける。酔いからさめたひとは、あちこち放浪し、苦しい生活をすごす。たまたま先の親友にあい、宝珠のことを聞く。それをとりだして、そのひとは安楽な生活が得られる。仏は親友、二乗は酒に酔った貧乏人、宝珠は一切智である。

〔授学無学人記品第九《じゆがくむがくにんきほん》〕阿難と羅睺羅《らごら》と二千人の声聞が未来成仏の予言が授かることを望んでいる。仏は阿難にいう、「なんじは来世に仏となり、山海慧自在通王仏と名づけ、国を常立勝幡、年数を妙音遍満と名づける。」阿難は歓喜する。仏は羅睺羅に告げる、「なんじは来世に仏となり、蹈七宝華仏と名づけ、国と年数は阿難の場合と同様であろう。」さらに仏は阿難に、ここにいる学修中のもの・学修をおえたもの二千人も、最後の世において、仏と成り、みな同一の名号の宝相仏と名づけるであろう、と予言する。二千人の弟子は歓喜する。

序品からこの章までは、すべて声聞の仏弟子に語ってきたが、以下はボサツを相手として語るようになる。

〔法師品《ほっしほん》第十〕世尊は薬王ボサツ以下八万のボサツに対して、ここに集まっているもので仏の前で法華経の一詩句を聞いて喜ぶものがあれば、必ず成仏するであろう、と予言する。さらに、仏の滅後、法華経のたとえ一句でも説くならば、そのひとは如来の使である。それに対して、在家・出家を問わず、法華経をそしるものの罪は非常に重い。法華経を読誦し受持するものに悪口をいえば、無量の重い罪を得るであろう。私（仏）は多くの経を説いてきた。しかもこの諸経のなかで、法華経は最も第一である。この経は仏の秘密であるから、みだりにひとびとに授けてはならない。仏滅後はなおさらである。滅後にこの経を書持し読誦し供養し他人のために説くものは、如来がそのひとを守るであろう。経のあるところに七種の宝で塔を建てれば、その塔のなかに如来の全身がすでにある。法華経を見・聞き・読誦・書持・供養するものは、ボサツの道を修行しており、最高の完全なさとりに近づくことができる。ここに譬喩がある。のどが渇いて水を求めるものが、穴を掘り、乾いた土を見れば、水はまだ遠い。湿った土を見、泥にいたれば、水は必ず近くにあると知るがごとくである。法華経を聞かないものは、さとりから遠い。法華経を聞き理解しえたものは、必ず最高の完全なさとりに近づいたのである。仏滅後、法華経を説こうとするものは、大慈悲心をもち（如来の宝）、柔和な忍耐の心（如来の衣）、一切のとらわれのないところ（如来の座）に安住して、経を説くべきである。そのとき、あるひとが悪口をいい、刀・杖・瓦・石を投げつけてきても忍ばなければならない。如来が防禦してくださる。

〔見宝塔品第十一《けんほうとうほん》〕高さ五百ヨージャナ、縦と幅が二百五十ヨージャナの七宝の塔が地面より涌き出して空中にとどまり、美しく飾られていた。その宝塔から大音声がとどろく、「釈尊は法華経を大勢のものたちに説かれた。その所説はすべて真実である。」そこにいたひとびとは怪しみ、且つ喜んだ。そのなかのひとり大楽説《ぎょう》ボサツは、仏にその所以を問う。仏が告げる、「この宝塔のなかには如来の全身が入っている。昔、宝浄国に多宝仏がおられ、誓願をたてた。すなわち、滅後法華経を説く場合には、塔のみたまやの前にあらわれ、その証明をして、ほめたたえ、すばらしいことだ、といおう。いま多宝如来は法華経を説くために、地面より涌き出たのである。」仏は多宝如来の誓願に従って、仏の分身を集めようと、眉間の白毫相から光を放ち、十方の諸仏を照らし出す。十方諸仏は釈迦仏のところへ行き、多宝如来の宝塔を供養しようと、娑婆世界に集まってくる。釈迦仏は右の指で塔の戸を開く。すると、多宝如来が塔の獅子座に坐し、禅定に入っておられる。多宝仏は半分だけ座を分けて、釈迦仏を迎えいれる。こうして二仏並び坐り、第一の経である法華経を説くことを示す。そのあとの詩句に、法華経受持の困難をくり返し説く。

〔提婆《だいば》達多《だつた》品《ほん》第十二〕（この章の成立については上述拙訳（中）三〇〇ページ参照）仏がボサツたちに告げられる、「昔、国王が誓願をたて、最高のさとりを求め、六ハラミツをおこなった。政治を王子にゆずり、大乗の法を求めた。そこへ仙人が来て、法華経を説き、王は千年も仙人に仕えた。その王はわたくしであり、仙人は提婆達多である（提婆達多は初期仏教では悪人とされていたが、ここでは高徳の賢者として扱われる）。わたくしが一切平等の正しいさとりを成就して、ひろく生あるものを済度するのも提婆達多による。提婆達多はずっとのちに必ず成仏するであろう。その名を天王仏、国を天道と名づける。天王仏の滅後七宝の塔が建てられ、生あるものたちは不退転にいたるであろう。」そのとき多宝仏に従っていた智積ボサツは、釈迦仏のすすめで文殊ボサツと問答を交わす。智積は龍王の宮殿についてたずね、文殊は、そこで無量のものを教化したこと、海のなかでつねに法華経を説いたこと、娑竭羅《しやから》龍王の娘はわずか八歳であったが、たちまちさとりに達した、という。智積は、釈迦仏でさえ成仏するのに長い年数を要したのに、その女が短時間でさとりを成就したとは信じられない、という。龍女は忽然と現われ、法華経を聞いてさとりをひらいた旨、詩句をうたう。舎利弗がそれを疑い、とくに女身は五つの障害がある、というと、龍女は即座に男子に転じ、その地位に達し、未来成仏の予言を受けたさまを見せた。

〔勧持品《かんじほん》第十三〕前の第九章に続き、釈迦仏の叔母の摩訶波闍波提《はじやはだい》ビクニをはじめとする六千人のビクニに、仏に一切衆生喜見仏という仏に成るという予言をあたえ、またかつての妻の耶輸陀羅《やしゆだら》ビクニに、具足千万光相仏という仏になるとの予言をあたえる。このあとのボサツの説く詩句中には、たとえどれほど非難されても、この経を説くために、ずっと忍耐して守ろう、ということばをくり返し述べる。

いかをたずねる。〔安楽行品第十四《あんらくぎょうほん》〕文殊師利ボサツが後代の悪世にはどのようにしてこの経を説いたらよいかをたずねる。仏は身・口・意・誓願の四安楽行にあって経を説くよう答える。身安楽行とは、忍耐し、一切の執著を離れる。また国王や政治家、外道やバラモンやジャイナ教や世俗の文学や順世派、たわむれごと、あそび、屠殺者・猟師など、小乗徒、女性や下男のひとに近づかない。口安楽行とは、他人や経典の過失を説かず、高慢でなく、好き・きらいを説かず、怨み嫌う心をおこさず、ただ大乗のみを説くようにする。意安楽行とは、嫉妬・へつらい・あざむき・軽蔑の心を捨て、大慈悲心をおこし、平等に法を説く。誓願安楽行とは、末世に法華経を説くものは、大慈悲心をおこし、自分が最高の完全なさとりを得るとき、神通力と智慧力とでひとびとを導こうと考える。転輪聖王の髻《もとどり》のなかの宝珠のように、如来にとっては、法華経こそ第一の法であり、仏・如来の秘密の蔵《くら》であり、みだりには説かない。

〔従地涌出品第十五《じゅうじゆじゅっぽん》〕仏は集まってきた多くの諸ボサツの申出をことわり、この娑婆世界には六万のガンジス河の砂の数に等しいボサツがおり、法華経を説くであろうと告げる。そのとき、大地が裂けて、無量百千万億のボサツが同時に涌き出てくる。この多くのボサツは大地から出て、多宝如来と釈迦仏との並座する塔のところにいたり、ほめたたえる。弥勒が代表して、仏に、このボサツたちはどこから、どんないわれがあって来たのかたずねる。仏は実は久遠の昔からずっとこれらのひとびとを教化して来たのである、と説いて、いよいよ法華経中最大の山の次章に続く。

〔如来寿量品《にょらいじゅりょうほん》第十六〕　この章が法華経のクライマックスである。前章を受けて、仏の寿命の無量無限を説く。まず弥勒が仏の真実のことばを説かれるよう、仏に三たび乞う。仏は語る、「なんじたちは釈迦仏が宮殿を出て、伽耶《がや》の付近で最高のさとりを得たと思っている。しかるに、わたくしは仏に成ってからなんと無量・無辺・百千万億・ナユタ（千億）劫という非常に長い年数を経ているのであって、その長さは到底数えられない。ただ教化の方法として、ひとびとのなまける心をなくすために、滅度したように見せかけたにすぎない。」ここに譬喩が入る。「医者が他国へ出かけて行ったときに、子どもたちが毒薬を飲んでしまった。医者は帰宅して薬をあたえ、大部分を救ったが、本心を失った子どもたちはその薬を飲まない。そこで医者は再び他国に行き、使者に、父の死を告げさせる。子どもたちは悲しみ、薬を飲んで毒から助かる。そこへ父が帰国する。このように死―滅というのは、教化の方法として用いたのである。」こうして久遠実成《くおんじつじょう》の本仏という思想がここに示される。

〔分別功徳品《ふんべつくどくほん》第十七〕　世尊が弥勒に語る、「わたくしの寿命が長く遠いことを聞いて、無数の生あるものがさとりを得た。またそれに千倍のボサツは聞くところを忘れない能力・最高の完全なさとりを得た。」こうしてボサツたちは必ず未来に成仏するであろうと予言する。あと、信、経の読誦・受持などを説く。

〔随喜功徳品《ずいきくどくほん》第十八〕　仏が弥勒に、仏の滅後、法華経を聞き、随順して心に喜ぶならば、どれほどの福が得られるかを説く。

〔法師《ほっし》功《く》徳《どく》品《ほん》第十九〕仏は常精進ボサツに、この法華経を受持し読誦し解説し書写すれば、莫大な功徳のあることを説く。

〔常不軽《じょうふきょう》菩薩《ぼさつ》品《ほん》第二十〕仏が得大勢ボサツに語る、「法華経信者に悪口をいい罵れば、ひどい報いを受ける（第十章）。法華経を受持すれば、大きな功徳がある（第十八・第十九章）。昔、正法が滅び、正しいのに似た法がおこなわれていたころ、高慢なビクが勢力をもっていた。そのとき、常不軽ボサツというボサツがおり、かれはどんなものをも軽んずることなく礼拝し、敬い、どれほど罵られようとも、相手に対して、『あなたは仏と成るでしょう』と説いた。杖や木や石で迫害を加えるものにも、同様であった。このボサツは最後に法華経の詩を聞いて、さらに寿命が伸びて、広く法華経を説き、増上慢のひとを信伏させた。」

〔如来神力品《にょらいじんりきほん》第二十一〕仏が文殊をはじめ大衆の前で大神通力をあらわす。そしてボサツたちに、法華経の功徳は説きつくすことはできない、この経には、如来の一切の法、如来の一切の神通力、如来の一切の秘密の蔵、奥深いことがらが説かれている、滅後は法華経を受持し読誦し解説し書写するように、と説く。

〔嘱累品《ぞくるいほん》第二十二〕釈迦仏はボサツたちにこのさとりの法を委嘱する。ボサツたちは三度声をあげて、仰せのとおりいたします、と誓う。こうして付法が終わる。

以下の六章は別々に成立したものを、あとに加えた。

〔薬王《やくおう》菩《ぼ》薩《さつ》本事《ほんじ》品《ほん》第二十三〕仏が宿王華ボサツに、いまの薬王ボサツ、昔の一切衆生喜見ボサツの焼身供養その他、苦行を語る。
〔妙音菩薩《みょうおんぼさつ》品第二十四〕　妙音ボサツの三昧を語る。
〔観世音菩薩普門品《かんぜおんぼさつふもんぽん》第二十五〕　いわゆる「観音経」である。観世音ボサツがその無量の慈悲により神通力によって、生あるものたちの苦悩を救うことを説く。
〔陀羅尼品《だらにほん》第二十六〕　薬王ボサツ、勇施ボサツ、毘沙門天王、持国天王、十羅刹女のそれぞれのダラニを説く。
〔妙《みょう》　荘厳王本事品《しょうごんのうほんじほん》第二十七〕　昔、雲雷音宿王華智仏の時代、バラモン王の妙荘厳、その夫人の浄徳、二人の子の浄蔵と浄眼がおり、浄蔵と浄眼とが母と父とをかの仏の下で出家させるまでの話。妙荘厳王はいまの華徳ボサツ、浄徳夫人は光照荘厳ボサツ、浄蔵は薬王ボサツ、浄眼は薬上ボサツである。
〔普賢菩薩勧発品《ふげんぼさつかんぼっぽん》第二十八〕　普賢ボサツが末世においてみずから法華経を修行するものを、白象にのってきて守護し、法華経の供養をすることを仏に語る。普賢はダラニをとなえ、神変を現じて、法華経の流布を誓う。

全篇を通じて、法華経は、ボサツ・ビク・ビクニ・人々をふくめてすべての生あるものたちに、成仏を予言し、そのために一仏乗を三乗にわけて説いたこと（開三顕一）を明かし、その予言を授ける仏は、久遠実成の本仏である、ということを説くと同時に、法華経そのものの読誦・受持を強く要求している。

『法華経』を基礎として、中国に生まれた天台の教えは、中国仏教のもっとも重要な柱となった。それは伝教大師最澄によって、わが国に伝えられ、日本仏教の母胎となった。また日蓮はとくにこの『法華経』に深く帰依し、新しい宗派を形成し、またその宗派からいろいろの分派が生まれて、今日にいたっており、とくに現在日本で活躍している新仏教の大半がその派に属することは注目に値する。

第三節　ナーガールジュナ

生　涯

個人の伝記が非常に珍しいインド文化史のなかで、ナーガールジュナ（Nāgārjuna　龍樹）に関しては、クマーラジーヴァ（Kumārajīva　鳩摩羅什、以下「羅什」と略す）が西暦四〇五年ころ漢訳した『龍樹菩薩伝』（大正蔵五〇巻一八四ページ以下）が残されている。羅什は西域のクッチャ（亀茲《きじ》）の人で、インドのカシュミール地方に遊学して、部派仏教・大乗仏教への造詣が深く、その名声は四方にとどろいていたので、後年後秦《こうしん》の朝廷に国師として迎えられ、首府長安にあって、総数三百余巻といわれる膨大な経典・律・論書（それも大乗仏教のものばかり）その他をすばらしい名文で漢訳し、且つ優秀な門下生を多数教育した。『龍樹菩薩伝』はそのなかの一つで、一巻の小さな書物である。ただし原本は存在せず、しかもそのなかには荒唐無稽な物語が幾つかふくまれていて、到底全面的に信用することはできない。なおナーガールジュナの伝記は、そのほかに、吉迦夜《きつかや》、曇曜《どんよう》共訳の『付法蔵因縁伝』巻五があり、またチベットのプトン、ターラナータの仏教史などにも、その伝記が存在する。しかし中国伝とチベット伝とは、内容がまったく異なる。また南インドのハイデラバードの東南、クリシュナ河の右岸にナーガールジュナコンダという地名があり、大規模な遺跡の調査もおこなわれた。ここでは、それらをいちおう参照しながら、ナーガールジュナの生涯のあらましについて、今日一般に認められているところを述べて行こう。

　ナーガールジュナはナーガ・アルジュナでナーガは龍と訳され、アルジュナは樹と音写された。まことに奇妙な組み合わせで、アルジュナは勇士であるから、正しく漢訳すれば龍猛（あとの密教のナーガールジュナはこの名で呼ばれる）または龍勝とすべきであろうが、もっぱら龍樹と呼び慣わされている。活躍年代はおおよそ一五〇年から二五〇年ごろと推定される（現在ヨーロッパの仏教学の大学者であるエティエンヌ・ラモットは、二四〇～三〇〇年ごろを主張している）。ナーガールジュナは南インドのヴィダルバ（今のベラール）における金持のバラモンの家に生まれ、天賦の才に恵まれたうえに、幼少のときから学問研究心がきわめて高く、バラモンの聖典の四ヴェーダをはじめ、天文や地理などをふくめて、当時の一切の学問をあまねく研究し、それらをのこらず暗記してしまった。青年時代、すでにあらゆる学問を学び尽くしたナーガールジュナは、三人の友人とともに、このうえは「情を馳《は》せ欲を極《きわ》めよう」と、隠身の術を用いて、王宮に忍び入り、百日余にわたって宮女と遊び戯れていたところを発見されて閉じこめられ、他の三人は殺されたが、かれひとり王の傍らに身を避けて斬殺を免れ、辛うじて脱出した。ここにはじめて「欲は苦の本」であることをさとり、それを転機として仏門に入った、と『伝』は伝えている。

こうして、ナーガールジュナは、青年期の旺盛な知識欲に燃えつつ、郷里のある山の上のストゥーパ（塔寺）を訪ねて、ここで出家受戒すると、それからわずか九十日のあいだに小乗の経・律・論の三蔵をことごとく読破し精通した。さらに他の経典を求めて、東北インドに向かい、ヒマラヤ地方にいたって、ひとりの老ビクから大乗経典を授けられた。ここでかれははじめて当時の大乗経典に接し、それを貪り読んで、非常な興味をおぼえ、さらに諸国を遍歴して、あらゆる仏典に通暁し、且つそのあいだにさまざまな外道の論師と論争して、かれらをすべて論破した。やがてかれは竜宮にいたり、大竜（マハー・ナーガ）ボサツから七つの宝蔵中の七宝函に秘められた「深奥の秘典・無量の妙法」を受け、それを読み進めつつ禅定に入って、深法を体得したという。この間にナーガールジュナは、幾つかの大乗経典の註釈、および大乗仏教への傾倒とそれにもとづくきびしい思索とを吐露した多数の論書を述作した。晩年は中インドから南インドに帰り、国王を仏教に改宗せしめ、国王のために論書をつくり、熱心に大乗仏教を説きひろめ、『付法蔵因縁伝』によれば、二百余年または三百余年のあいだ「仏法を任持」してのちに、黒峰山（ブッラーマラ・ギリ）または吉祥山（シュリーパルヴァタ）の寺院において入滅した、といわれている。

大乗仏教の流れも、その経典がヒマラヤ山中ないし龍宮にいたってはじめて接することができたという右の『伝』からも想像されるように、ナーガールジュナの時代は初期大乗仏教のいわば揺籃期であって、さほど大きいものではなかったであろう。それが一大躍進をとげて、仏教の大きな中心となり、中国、チベット、日本において、大乗仏教こそ仏教の主流であり本流であると伝えられるまでに発展しえたその原動力には、ナーガールジュナの偉大な影響力がまざまざと感ぜられる。

上述のように、発生はいまだ明らかでないけれども、大乗仏教はかたくなな部派仏教の固定を突き破ってあらわれる。そこには自由な精神があり、躍動する生命があり、日常世界と凡夫・衆生の重視があり、そして初期仏教への還帰がある。

大乗仏教運動はまず『般若経』に始まる。そこでの中心思想は「空」である。なにものにもとらわれない。固定化することを捨てる。執著を離れる。そして無常を、無我を、再び高く掲げる。『般若経』の説くところが、たとえば「AはAではない、ゆえにAである」というようなパラドックスに似た表現を多く採用しているのは、その経典を支えた「さとり」が論理をこえてまで自由になろうとし、ことばの及ばない真理を追究した結果にほかならない。しかしながら、ややもすれば、『般若経』にはあるいは「空」の語ないし思想のたんなる反復によるひとりよがりの独走がある。「さとり」はそうかもしれないけれども、それではそのさとったひとびとだけにしか判らないところから、神秘的となりがちであり、説得力を欠く。こうして、「空の論理」は、ナーガールジュナまで待たなければならなかった。

このように見てくると、ナーガールジュナが「八宗の祖」（八宗はすべての仏教の宗派）といわれるのも当然であると首肯されるであろう。

著書

『龍樹菩薩伝』には、「広く摩訶衍（＝大乗）を明らかにして優婆提舎《うばだいしゃ》（＝註釈）十万偈を作り、また荘厳仏道論五千偈・大慈方便論五千偈・中論五百偈を作り、摩訶衍教をして大いに天竺（＝インド）に行わしむ。又無畏論十万偈を造る。中論は其の中に出《い》ず」といい、また現に「龍樹菩薩選述」として伝えられるものは、漢訳蔵経中に二十部百五十四巻、チベット蔵経中タンジュル部に九十五部の多数にのぼっている。

卓抜な資性と旺盛な研究心との結果、きわめて博学多識、とくに初期大乗仏教のいわば集大成―創始の役割を果たし、しかもかなりの長寿に恵まれたと想像されるナーガールジュナに、多数の著書が数えあげられることは、あえて不思議ではないとしても、しかしインド・チベット・中国の慣習から見て、右の数字は、おそらくナーガールジュナの有名であるのに仮託して偽作されたものを、少なからずふくんでいるにちがいない。「龍樹選述」と記してある書物（たとえば『釈摩訶衍論』など）について、その内容を調査して、右の感を深くするばかりでなく、とくにチベットの密教関係書が約三分の二を占めていることは、その不審の念を増大させる。

今日ナーガールジュナ著述としていちおう学界で認められているもの――しかしこのなかにもなお異論・疑問を挿む余地はある――は、(1)『中論』（詩の部分のみ）『十二門論』『空七十論』、(2)『廻諍論《えじょう》』『六十頌如理論《じゅにょ》』『広破論』、(3)『大智度論』、(4)『十住毘婆沙論《びばしゃ》』『大乗二十頌論』、(5)『菩薩資糧論頌』『宝行王正論（ラトナーヴァリー）』『菩薩勧誡王頌《かんかい》』などがある。

これらのうち、(1)はいわゆる「空」観によるナーガールジュナの根本思想を明示したもので、なかでも『中論』は、『十二門論』や『大智度論』や『十住毘婆沙論』に『中論』の名が示され、もしくは『中論』の詩の幾つかが引用されているところから見て、大乗仏教に傾倒して、その基本的立場を確立し、堂々と自説を披瀝したナーガールジュナ初期の著述と考えられ、もっとも重要なテクストである。その内容は次項に示す。(2)はいわゆる外道を攻撃し鋭く批判して、空思想を鮮明にしたもので、『廻諍論』には当時の論理学への論及、すなわちニヤーヤ（正理）学派との論争が述べられている。(3)は『大品般若経』の註釈を施しながら、その一字一句に、豊富な学殖を傾けて、学説・思想・用例・伝説・教団生活などを微細にわたって解説し、あわせて空思想を浸透させるほかに、さらには暦法や算術や生物のことなどにも触れている。この浩瀚《こうかん》且つ詳細な大著には、おそらく当時のきわめて多くの説が包含されており、その意味において、一種のエンサイクロペディアということもできよう。ただし現存漢訳本（これしかなく、サンスクリット、チベット訳もない）は、『般若経』の初品すなわち第一章の註釈だけで、論のはじめの三十四巻が占められており、第二品以下九十品までは、羅什によって極度に抄訳された。しかもなお百巻に達するが、もしも全文を翻訳すれば、「将に此に十倍せん」と、羅什の弟子僧叡の付したと思われるあとがきは記している。(4)の『十住毘婆沙論』（この漢訳しかない）は、『十地経』の註釈書で、漢訳のこの書は初地から第二地の中途までしかないけれども、全体を訳出すれば、これまた百余巻に達したであろうと推定される。空思想に立脚して、ボサツの十地を解明し、その論述には、他の学説を数多く引用し、言及し、批判している。第九章の易行品《いぎょうぼん》のなかに、信方便による易行道、すなわちアミダ仏への讃仰――その称名念仏によって正覚に達する大功徳を述べている個所は、古来とくに浄土門の人々の注目を浴びて、きわめて重要視され、名高い。また『大乗二十頌論』は、空の立場によって三界すなわち全世界の唯一心なる境地にいたるべきことを説いている。(5)は主として実践、とくに在家の人々の実践に関する教説を掲げ、修行のありかたから政治論などを教え、勧め、また誡めている。

ナーガールジュナの主著は、なんといっても『中論』であり、このなかにかれの基本思想が縦横に論ぜられていることは、上述のとおりである。以下、『中論』を中心として、ナーガールジュナの思想——とくに「空」の思想を述べ、それが仏教思想の根幹をなすその意義を辿って行くことにする。

『中論』の詩は、現在他のひとびとがそれに付した註釈とともに伝わっており、それら諸本によって、その総数がやや異なる。すなわちサンスクリット本で計四百四十八詩、『無畏論』の名のチベット訳本は計四百四十五詩、漢訳本では計四百四十五詩で、それぞれに多少出入りがある。それらはいずれも二十七章に分かれて論じられており、章の名称（いわゆる品名）も必ずしも一致しない。各章ごとの詩の数も異なる場合がある。以下、サンスクリット本によって詩の口語訳を示し、またその場所をたとえば一─1（＝第一章第一詩）と示す。なおクマーラジーヴァの漢訳本は形が古く、参照を要するので、それが異なる場合のみ「什」と略して示すことにする。

「空」は、前述したとおり、サンスクリットでは「シューンヤ」（形容詞、名詞形は「シューンヤター」）という。このシューンヤおよびそれに直接関連した語（aśūnya, śūnyatā, śūyatva）を拾い出してみると、語数は『中論』の中に五十四ある。もしも什訳本で「空」およびそれに関連した語（不空、空義、空法、その他、そして二四─18の「無」を加える）を拾い出してみると、語数は五十八ある。以上の各語は、一つの詩のなかに二度ないしそれ以上あらわれる場合があるので、いまシューンヤ＝空（およびそれに関連した語）の登場する詩を見てみると、その詩数はサンスクリット本では計三十八詩に、什訳本では計四十一詩に達する。いまそれらを全部合わせて列挙すると、次のとおりである。

四8、9。五1。八6。一三2、3、7（什8）、8（什9）。一七20、27。一八5。二〇16、17、18。二一9（什8）。二二10、11、14。二三8、13、14。二四1、5、6、7、11、13、14、18、19、20、22、33、35、36、37、39。二五1、2、22。二七29。

これらを一瞥すれば、シューンヤ、空という語そのものは、『中論』に比較的おそくあらわれること、そして第二十四章に集注してあらわれることがよく判る。ところでこの第二十四章は、サンスクリットは「聖なる真理（聖諦《しょうたい》）の考察」、什訳は「観四諦品」と名づけられ、『中論』のなかで最も長い章であり、また最も重要な章（の一つ）である。このことは、最も有名な「三諦（空―仮―中―）偈」と称される第一八詩がその中心に置かれ、この詩にただ一度だけ出てくる「中（道）」の語が、この書物のタイトルになっていることからも明らかであろう。

なお第一八詩の全文はつぎのとおりである。

縁起であるものをすべてわれわれはすなわち空であると説く。
その空は相対的な仮説である。これが実に中道である。

右に示した四十一の詩を全部列挙して、シューンヤまたは空の用例を示し、その意義を説明するのも、一つの方法であるが、ここにはそのスペースもないし、それではあまり断片的すぎる。というのは、シューンヤも空も、いわば一つの思想であって、たんなる術語ではないからである。したがって、以下には、『中論』全体の論旨（の要点）をふりかえりつつ論じて行くことにしよう。

『中論』の中心思想は、

縁起――無自性《しょう》――空

にある。そしてこの軸を基盤にすえて、空はその論理を獲得し、空の意義・ありかた・本質ともいうべきものが、充分に理解されるようになった。以上のことをことばを変えて説明して行こう。

空の一つ前にある無自性（niḥsvabhāva）とは、上述した自性の否定である。部派の体系が、この自性＝自己存在＝実体を根底に置いて成立していたことは、すでに記した。しかしこれはたんに部派だけの説ではない。大多数の学問は、実体（Substanz）というべきものを想定し、それにもとづいてその学説・体系を樹立している。ここにたとえば西洋哲学の実体をめぐる学説のあれこれを紹介するまでもないほどである。デカルトのように、すべてを疑って、疑い尽くして、有名な「われ考う、ゆえにわれあり」にたどりついて、その直後に、神・精神・物体という実体の存在を考えている例もある。インドの諸哲学も多分にその傾向があり、そもそも学説・体系といったものは、実体を必要とし、要請するともいえるかもしれない。

しかもこのことは、いわゆる哲学ないし学問にかぎらない。わたくしたちがなにかを考えようとするとき、その考えるもの——主体とその対象について、なにかしらそれだけで存在し、しかも動かないでいるものを想定しないと、その考えるということ自体がぐらぐらと動揺して、考えるということさえ不可能なのではないか、という気分になってくる。こうして、実体＝自己存在＝自性は、ものを考えるひとに、ものを考える場合に、つねについてまわる。しかもなお、それを否定したところに無自性がひろがり、空がひらかれる。

その自性を無自性に転換させるのが、縁起（pratītyasamutpāda）という考えである。もともと縁起という思想は、初期仏教以来、その中心思想とみなされていた。しかし、詳しく資料にあたってみると、初期仏教に説かれる縁起説は、いわゆる十二支を数える十二因縁の系列であり、その軸は「あるものの存在ないし生滅が、他のものに縁って起こる」程度のものであった。また部派仏教で開拓した縁起説も、人間の一生をいわゆる十二因縁にあてはめたり、また因と縁とに分けて、それをこまかく分析したりする程度のものであった。いいかえれば、縁起という術語そのものは古く、重要ではあったけれども、それが無自性につらなり、さらに空に発展するものではなかった。たとえば、ある存在にはそのものの自性があり、そこにそれ自身のいわば個性があって、それと関係しあうというほどに考えられていた。

このような縁起のありかたを奥深く掘り下げて、右の発展を果たしたのがナーガールジュナであり、『中論』である。そこで、そのような縁起に関する『中論』の数多くの論証のうち、一つだけをとり出して、その例証を追いつつ説明して行こう。

『中論』第十章は『中論』のなかでも比較的よく知られている章である。この章について、幾つかの解説があるが、ここには原文の訳の紹介を避けて、その内容を簡単に述べて行こう。章のタイトルはサンスクリットは「火と薪との考察」といい、什訳は「観燃可燃品」という。議論を簡略化するために、前者を用いることにする。

いま火が燃えさかっている薪というありかたを見てみよう。私たちはそこに火があり、薪があるという。しかしながら、そのめらめらと燃えているどこからが火で、どこまでが薪であるか、それをはっきりと区分して、ここが火でここが薪だとすることは、なんびとも不可能である。両者は一体となって――両者の区分もできないほどに全く一体化していて、そしてそこに火があり薪がある、といわれる。

一体化して燃えあがる前には、火はそこにはない。薪もたんなる木片にすぎず、まだ薪（燃料）とはなっていない。燃えはじめたときに、木片はたんなる木片ではなくて薪となり、火もまたそこに現在化する。そして上述のように、両者がある点において結合して一体化してはじめて、火があり、薪がある、という。

これは両者の一体性をあらわしており、且つ相互肯定的なありかたを示している。縁起のいわゆる相依性（相互依存関係）がここに表明されている。

ところが現実に薪に燃えている火は、決して静止したままではない。火はどんどん燃えさかって行くか、または徐々に消えかかって行くか、どちらかいずれかである。この場合、火が燃えて行くとは、薪を減少させて行くことである。火が消えかかって行くとは、薪の減少を否定して行くことである。いいかえれば、火を肯定して行くことは、薪を否定して行くことであり、逆に、火を否定して行くことは、薪を二重否定すなわち肯定して行くことになる。すなわち、火と薪との肯定―否定の関係は、前に述べた場合とは異なって、一方の肯定が他方の否定に通じて、相互に反対の関係にある。ここには、縁起は相互排除性をはらんでいて、さらに押し進めれば、矛盾的対立のありかたを示している。縁起のいわゆる逆の形の相依性が表明されている。

さらに火がどんどん燃えて行ったならばどうなるか。薪はどんどん小さくなる。すなわち、火を肯定し薪を否定することが進行して行って、ついに薪が燃え尽きたとき、薪は完全に否定される。それは火を肯定して進んで行ったにもかかわらず、薪の燃え尽きたときに、火の存在する場所がすでにない。こうして火もまた消滅する以外ない。いいかえれば、火はすでにそこに存在せず、否定されている。すなわち、肯定の一方的進行がそれ自身の自己否定というありかたで終止符を持つことになる。

それとも逆に、火がだんだんと消えかかって行くならばどうか。薪は燃える場所を減らし、薪の減少は否定される。火の否定の進行が薪の肯定の進行につながりながらも、もしも火が消えてしまって、火の否定が成就したとき、そこには薪もまた存在せず、一個の木片がころがっているにすぎない。すなわち、否定の進行が、当然そのものの否定の完成となり、同時にそれと矛盾的対立にあった――すなわち肯定を進行させていたものとも滅び去って、そこにもやはり自己否定があらわとなる。

こうして、対立しあう二者の間の肯定―否定の進行は、もともと相反的であるはずであり、はじめはそのとおり進んで行って、一方の肯定＝他方の否定（その逆もまたそのとおり）となるけれども、もしも一方がそれを強制し、自己の肯定のみを（すなわち他方の否定のみを）強行するときには、その肯定が他方の存在そのものを消滅させて、肯定が成就したかに見える場合、いつか自己も消滅せざるを得ず、肯定どころか、否定をも突き破って、肯定ないし否定するその当体がすでにそこに存在しない。すなわち相互対立における両者は、対立を残していないかぎり、みずから自己を滅ぼしてしまう結果を招く。

『中論』ではすでに、その冒頭に、

不生不滅であり、不常不断であり、
不一義不異義であり、不来不出であり、
ことばの虚構が滅び去って吉祥である縁起を説き示された正覚者（＝仏）、
諸説法者中もっともすぐれたその人に、わたくしは敬礼する。

と述べて、縁起を立論の根拠に置こうとする意図を宣言している（右の八つの否定は「八不」として名高い）。

縁起の関係は、『中論』の示すように、実はまことに入り組んでいる。そのことは、火と薪という二つのものだけについてみても、上述のとおりであって、両者の肯定と否定との同時進行と、逆の進行と、さらにそれぞれの存在そのものの根拠の定立を托しあういわば逆の逆の進行という非常に複雑なありかたにある。

この二つのありかたは、実は私たちの周囲をとりかこむ非常に数多くのもののなかから、ある特殊な場面だけを抽象して論じたにすぎず、このようなありかたは、わたくしたちの周囲のいたるところにひろがっている。いな、それらはたんに二つだけで関係しあっているのではない。たとえば火と薪とについてみても、火には風が吹いており、薪には水分が含まれており、風を構成する空気には酸素があったり、炭酸ガスがあったり、その酸素は植物によって供給されたりなどと、どこまでもひろがって行って、二つの関係がたんに二つだけでとどまることはない。ひろく、実にさまざまなものが相互に種々なる関係を結びあっているというのが、現実のわたくしたちの世間であり、世界である。

そこには、実にさまざまな関係があって、その関係しあうありかたは追究し尽くされるものではない。追究すれば追究するほど、その多様性を増し、右の火と薪との肯定—否定の進行以上のものが浮かびあがる。

そのようななかで、たとえばそこに火があると、火の自己存在をいかに主張しようとも、それがいかに根拠の乏しいものであるか、そしてさらにそれを強行すれば、ついには自己存在の根拠そのものを失ってしまうことは、上述のところから明白であろう。

縁起のありかたのこのように深い洞察は、自己存在＝自性の主張を根本から否定して、かえってそれぞれが無自性であることによって、縁起にある諸存在にその根拠をあたえるものであることを明らかにする。

あるものがそのものの自己存在＝自性をもたないありかたが、すなわちそのものの空ということにほかならない。こうして、縁起から無自性へ、縁起から空へ、無自性から空へと論理が明白となり、それによって一切のものが成立することができる。

空であることを会得するものには、一切すべてが会得される。
空（であること）を会得しないものには、一切すべてが会得されない。（二四41、『廻諍論』第70詩）

例えば、もしも煩悩と呼ばれるもの、苦と呼ばれるものが、それ自身その自性をもってどつかと居直り、その自己存在を主張するということになれば、どういうことになるであろうか。そのような世界においては、だれがどのような修行をなしても、それら居直ったものは滅ぼすことができず、それから免れることはできない。凡俗の衆生は、その煩悩ないし苦の自性—自己存在を排除できず、いかなる修行もなんの効果もないことになる。迷いの世界、縛られた凡夫はどうしてもさとり・解脱に向かうことはできない。これはすべて自性の論理から出てきているのである。

ここに空が適用され、無自性のありかたがあらわとなることによって、煩悩も苦も、迷いも繋縛も、すべてその根拠が洗われ、自己存在を失うことにより、わたくしたちに修行の・努力の・精進の期待され得る世界がひらかれる。凡俗の衆生も、いつか仏に近づき、逆に、仏も衆生に近づく。さとりと迷いとが通じあい、日常の世界と安らぎ（涅槃《ねはん》＝ニルヴァーナ）の世界との途が開拓されて、仏教教団内部の専門家でなくても、誰でもが仏教の真理—真理そのものに到達し得る。

なおこのさいに付言すべきことは、つぎのとおり。それはひるがえって、ゴータマ・ブッダの、初期仏教の、かつて『スッタニパータ』の説いたところに還帰する。

すなわち、無自性および空は、ことばとして、あるいは概念として、否定的な要素をもっている。それは自性を滅ぼし、自己存在の根拠を洗い流してしまう。そこで、もしもその否定・破壊のはたらきだけをとり出して、そこに居なおり、そしてそれを唯一の武器として、そのことば・概念に酔うならば、これまたそのことば自体にいつか自性が付着してしまう。こうして生じた自己存在、さらにはそれへの執著は、それが否定や破壊を内蔵するところから、かえって肯定の組織化を夢みたもの以上の害と危険とをふりまくことになる。そのことはまったくとんでもない曲解であり、手のつけられない破壊至上主義者に堕してしまう。

それに対して『中論』はつぎのように警告する。

> 空であることという見解にとりつかれたもの、それは教化し得ないものであると（諸聖者は）非難している。（一三—8〈什9〉後半）

そして、

> なんじはなんじみずからの多くの過失をわれわれのうえに投げかける。

馬に乗っていながら、なんじは馬を忘れている。（二四15）

したがって、さらにいえば、

空であると説くべきではない。空ではないとも同様である（＝説くべきではない）。その両者であるとも、その両者でもないとも（説くべきではない）。それは仮の名称のために説かれる。（二二11）

このようにして、私たちは、「空の用（いわれ、動機）、空そのもの、空の意義」（二四7）を充分に知り尽くしたうえで、先に述べた、

縁起——無自性——空

というしっかりした軸に立って、空の思想がとらえられるべきであることを、『中論』はくり返し述べているのである。

最後にどうしても述べておかなければならないのが、二諦（二種の真理）説である。これはいわば「永遠の相の下」にある真理・認識と、「時間の相の下」にある真理・認識とがか

らみあうだけではなくして、さらにそれを超えて出て行って、ナーガールジュナの進む途を明らかに示すものだからである。以下の二諦説の解釈は、その内容について、またそれをどのようにとらえるかについては、まったくわたくしが独自に考えるものである。

よく知られているように、『中論』において二諦について述べているのは、つぎの三詩だけである。

諸仏の説法は、二諦によっておこなわれる。世俗諦と勝義諦とである。（二四8）
これら二種の諦の区別を知らない人々は、
ブッダの教えにおける深い真実を理解しない。（二四9）
ことばによる説明（＝世俗諦）によらなくては、勝義（諦）は説かれ得ない。
勝義（諦）にもとづかなくては、ニルヴァーナ（涅槃）はさとられない。（二四10）

なお最後の頌は『廻諍論《えじょうろん》』（第28の解説中）にも引用される。また「世俗諦」を「世間一般の真理」と訳すことには、あとに述べるような不満がわたくしにはある。しかしそのようにいわないと判りにくいというならば、「世間一般においてことばをもって説明される仏教の真理」というべきであろう。なお「勝義諦」についても同様で、たんに「最高の真実としての真理」というのを、「最高の真実としての仏教の真理」といいかえたい。もとより、仏教者にとっては、仏教の真理がそのまま普遍的な真理（仏教であると否とを問わない）を主張したいかもしれないが、しかしそれは当然逆にも動ずることになり、たとえば1＋1＝2というようなことを、世俗諦と考えることには、少なくともナーガールジュナの場合には不都合がある。そのことも以下に示して行く。さらに、右のような長い訳語は、説明・記述上まことに不便きわまりないので、「世俗諦」「勝義諦」の語をそのまま使って行くことにする。

そこで右の三詩を図式化すれば、二諦のそれぞれの理解に加えて、

世俗諦→勝義諦→ニルヴァーナ

の図式におさまることになる。なお第一〇詩に「……によらなければ……は得られない」として、前件・後件とも否定的表現を用いており、「……によれば……が得られる」とはいっていない。これは後者が十分条件であるのに対して、『中論』はいわば必要条件を要求しているというべきであろう。そして右の図式はその意味において理解されなければならない。

ところで『中論』は、一体「世俗諦」とは何をうつし、「勝義諦」の内容がなんであるかについて、まったく触れていない。ただぽつんと右の三詩を置いているだけである。そのようなところから、ナーガールジュナ以後のインド中観派のなかに種々の議論が生じ、また嘉祥大師吉蔵の詳細な書物すなわち『二諦義』（大正蔵、四五巻所収）も出てくる（これらに

ついては、次の二論文がよくまとめている――西義雄「真俗二諦説の構造」、野沢静証「中観両学派の対立とその真理観」、ともに宮本正尊編『仏教の根本真理』三省堂所収）。

しかしわたくしはそのどれもなお不明確なところがのこされているので、それらはいちおう棚上げしておく。とくに『大毘婆沙論』（巻七七）や『倶舎論』（第二二）などに説かれている説明、すなわち世俗諦＝世間一般の常識による真理、勝義諦（第一義諦）＝仏教の最高の真理、とする解釈を捨てる（もしもこれを採用していれば、それはそのまま認識論に反映されて、世俗諦は哲学的認識論に、勝義諦は宗教的認識論に分類することが可能となるのであろう）。

右に述べた部派仏教の有力な論師の二諦説に対して、実は『大品般若経』にかなり多くの二諦説への言及がある。それらは大別して二種類に分けられ、一つは最初の「嘱累品第六十六」以前のものと、他はそのあとのものである。前者には「諦」の語はあらわれず、「世間法」と「第一義」というだけである（二ヵ所ある）が、後者は多く「諦」をつけ、たとえつけていなくても、その「諦」の自覚が明らかにうかがわれる。それらに関する詳細な説明を、既に拙著『般若経の真理』（春秋社）の第一部第一章第五節に、とくに「二諦説」の項目を設け、五ページにわたって、資料をあげながら、くわしく果たしているので、ここにはその最後の結論のみを記しておこう。

世俗諦と第一義諦とは、ともにひとしく諦すなわち真理であり、しかもともに仏教によって明かされた真理である。そして如において共通している。しかし両者のうち、世俗諦はことばをもって説明されるのに対して、第一義諦はことばの遠く及ばない世界を指示している。いいかえれば、世俗諦は表現に対して肯定的であり、ポジティヴであり、他方、第一義諦は否定をもってする以外、表現することができない。また表現それ自体（言説—ことば、論理）が不可能であるという。

ここにわたくしは『大智度論』（巻一、大正蔵、二五巻五九ページc〜六一ページa）に出てくる有名な四悉檀の説をもってこよう。悉檀＝シッダンとは siddhānta ＝ siddha ＋ anta の音写で、「成就の極致」の意、「宗」「理」などと訳される。この四シッダンすなわち世界シッダン、各各為人シッダン、対治シッダン、第一義シッダンについても、わたくしは上掲書（九二〜九四ページ）にくわしく述べておいた。ごく簡単に述べれば、世界シッダンとは、あるものは原因と諸条件とがそろってそれらが結合することから存在するのであって、別段そのものが実体として存在するのではない。各各為人シッダンとは、各人の心とそのはたらきをよく観察して、それにふさわしい法を説き、同一のことでも、聞き入れられる場合も、聞き入れられない場合もある。対治シッダンとは、ある法がある病いを対治するときには、有効にはたらくけれども、それ自体がつねに法の実体を有するわけではない。第一義シッダンとは、一切の過失を離れ、変わることなく、最上である。ここではすでに、一切のことばで表現し得るものを超越し、心に思い考えるところが滅し去って、しかもこれといって法に示さずに、諸法のありのままである。この意義はきわめて深く、見ることも理解することもむずかしい。

ここには四シッダンと二諦との結びつきは、なんら触れられておらず、それはこれまでもどこにも説かれていない。そこで、わたくしははじめの三つのシッダンを世俗諦と、そして最後の第一義シッダンを勝義諦と結びつけることにしたい。このようにすれば、先にも述べたように、世俗諦は、たんなる世間の真理ではなくて、世間のことばをもって仏教の真理を指示する・また仏教が世間を理解して獲得されるそのような真理という意味のこめられていることが、いっそう明らかとなるであろう。

さらにここでは再び『中論』に戻り、その構成を考えてみよう。『中論』は右の三つ（だけ）の二諦説をとりあげた第二十四章の直後に「涅槃品」を、またその前の第二十二章に「如来品」を置いている。それぞれから一詩ずつだけ引用しよう。

ニルヴァーナの辺際であるものは、輪廻世間の辺際である。
両者の間には、どのような微細の区別も存在しない。（二五20）
如来の自性（実体）であるところのものは、この世間の自性である。

如来は無自性である。この世間もまた無自性である。(二二・16)

如来がニルヴァーナを証得したことはあらためていうまでもない。こうして、たんに『中論』に、

世俗諦↓勝義諦↓ニルヴァーナ

と示された図式を、私は次のように拡大する。

世間↓世俗諦↓勝義諦↓ニルヴァーナ↓世間

そしてこの図式はつぎのように説明される。

世間――ここにわたくしたちはいる。ここでわたくしたちはことばを用い、認識をしている。少なくとも「縁起」はそれを支えている。また哲学的認識もここに成立する。

世俗諦――『中論』の論証によって、その世間が、簡単な図式でいえば、「(縁起)↓無自性(↓空)」と進む真理がさとられ、それはことばをもって説明され、認識される。

勝義諦——この境地において「空」は実現されてあり、わたくしたちの認識はやみ、ことばも届かないありかたがあらわとなる。それが宗教的認識である。

ニルヴァーナ——この最高のさとりにおいて、認識し得ないとも、ことばも及ばないとも、それさえいわれない完全な沈黙の世界となる。一切はすでに「吹き消されている」。しかしそれは決して死の世界ではない。それはかえって世間につらなり、世間の実践が躍動する。実践において、ニルヴァーナは世間に出現し、逆に世間にニルヴァーナを実現する。

なおここに『中論』のなかでもっとも有名な「三諦偈」（二四18）から出てくる「縁起——（無自性——）空——仮——中」をとりいれるならば、つぎのような図式を描くことができる。

縁起　無自性・空　仮　中
世間——世俗諦——勝義諦——ニルヴァーナ——世間

ここでもしもいわゆる往相・還相をもって呼ぶならば、それも一つの命名かもしれない。しかしそれはたんなる往還ではない。すなわち、往ってゴールに行きついて、そこからもとの地点へ還ってくるのではない。むしろつぎのように述べられなければならない。

世間からいえば、それがスタートで、世俗諦がゴールである、それはしかし最終のゴールではない。つぎに世俗諦がスタートで勝義諦がゴールである。しかしそれも最終のゴールではない。つぎに勝義諦がスタートでニルヴァーナがゴールである。しかしニルヴァーナが究極のゴールではない。そのニルヴァーナは世間をめざす。以上の進行は円環ではない。そうではなくて、むしろ螺旋を描いて進むのである。わたくしたちはその螺旋の上に立っている。その立っている地点は、世間か、世俗諦か、勝義諦か、ニルヴァーナか、そして世間か、つねにそこに立ち、しかし立ちどまらず、そこを歩んでいる。それが宗教的実践のいわば自己認識であり、さらに別のみかたをすれば宗教的認識論ということもできる。

ここにおいて、哲学的認識論と宗教的認識論とが、たえず即応しながら果たされる。永遠の相の下にわたくしたちはあり、そのわたくしたちが時間の相の下に現実に動いている。それらは別のものではなく、わたくしたちは時間の相と永遠の相とに触れている。以上の螺旋の上を進みつつあるわたくしたちが、二つの相を自覚することをあらためてナーガールジュナの空の理論と呼ぶべきである、とわたくしは考える。

なおナーガールジュナの弟子に、アーリヤデーヴァ（Āryadeva　提婆）がおり、『四百論』『百論』『百字論』などの著書がある。かれは鋭い論法をもって相手の学派を論難したために、その派に恨まれて殺されたが、その死の直前、「決して敵を怨むなかれ、復讐などを考えるな」とさとしたと伝えられる。もっとも別の伝説では、そのような事件は記しておらず、長寿を全うしたとも伝えている。

アーリヤデーヴァの弟子にラーフラバドラ（Rāhlabhadra　羅睺羅跋陀羅）がいたことは知られているが、以後この系統は、六世紀に中観派として復興するまでは、全然消息が知られない。

なお中国では、『中論』『百論』『十二門論』とナーガールジュナとアーリヤデーヴァの三つの論書を中心に、嘉祥大師吉蔵によって隋末唐初に三論宗がおこり、それは日本に伝えられ、奈良仏教の初期を飾った。

第四節　如来蔵・仏性思想

あらたまっていうのもいささか妙なことではあるけれども、仏教とは、もちろん、仏（ゴータマ・ブッダ）が創始した教えという意味である。ところが、実はブッダ（Buddha）はもともと固有名詞ではなくて、普通名詞であり、「さとったもの（覚者）」を意味する。したがって、当然、ブッダ（仏）はゴータマ・ブッダに限定されずに、ひろく拡大される可能性をもともと所有している。古くは、輪廻転生の思想に乗じて、過去七仏の思想があり、やがて未来仏のミロク仏が考えられ、大乗仏教となると、アシュク仏、アミダ仏、ビルシャナ仏、大日如来、薬師如来などが登場するようになる。このことは先にくわしく記したとおりである。

ブッダ（仏）はさらに拡大されて行く。そしてついには、可能性としてではあるけれども、一切の生あるもの（一切衆生）にまで及ぶようになる。それが如来蔵・仏性《ぶっしょう》の思想である。こうして、仏教は、（前の意味のほかに）仏に成る教えという意味をもつことになる。このような思想は、まったく仏教独自の思想であって、キリスト教にも、イスラーム教にもないし、またそれらの教義上ありえない。

中期大乗仏教経典として成立した『如来蔵経』『不増不減経』『央掘摩羅《おうくつまら》経』『大法鼓《ほっく》経』『勝鬘経』『涅槃経』そして『楞伽《りょうが》経』『無上依経』『大乗密厳経』などは、如来蔵・仏性の思想を説くものとして名高く、その思想はマイトレーヤ（弥勒）またはサーラマティ（堅慧）の作といわれる『究竟一乗宝性論』（Ratnagotravibhāga-mahāyānottaratantra-śāstra）によってまとめられた。なおこの思想に論及するテクストには『大乗法界《ほっかい》無差別論』『入大乗論』『大乗荘厳経論』『仏性論』『大乗起信論』などがある。

如来蔵の原語はタターガタ・ガルバ（tathāgata-garbha）である。このうち、タターガタは如来、ガルバは胎児と母胎という二つの意味がある。そして『如来蔵経』には「衆生は如来の胎児である」といっており、衆生は如来となるべき可能性をもつものと解され、そのようなところから、ガルバを「蔵《くら》」と訳したのであろう。

この思想は、遠い初期仏教の「自性清浄心《じしようしようじようしん》」のなかにすでにある。それは、衆生の心の本来のありかたは清らかなものであって、たまたまそこに煩悩がとりついて心を汚しているにすぎない（これを「客塵煩悩《きやくじん》」という）とするもので、部派のなかでは、とくに大衆部がそれを受けついだ。さらに大乗仏教になると、その思想は飛躍的に発展する。たとえば『法華経』は、ボサツ・ビク・ビクニをはじめ多数の仏弟子のみならず、衆生全体に仏となりうることを予言（授記）し、仏の子として扱っている。それは方便によって、三乗に分けて説かれるが、究極は一仏乗に帰する、とされる。また『華厳経』は（『六十華厳』では「如来性起品」、『八十華厳』では「如来出現品」）仏は衆生のためにひろく遍在しているという一種の汎仏論ともいうべきものを展開して、この思想の発展を救けた。

『如来蔵経』は、

若しくは仏出世するも、若しくは仏出世せざるも、一切衆生の如来蔵は常住不変なり。

と断言する。そしてまたこの経は、つぎの九つの比喩をもって如来蔵のありかたを説明する。

(1)　しおれた蓮華の花のなかに、仏がおられるように。

(2)　多くの蜂につつまれた淳密のように。

(3) 皮殻におおわれたなかにある穀物の実のように。
(4) 不浄所のなかに落ちた金のように。
(5) 貧乏人の家の地下にある珍しい宝蔵のように。
(6) 果実を植えれば必ず大樹となるように。
(7) ぼろきれにつつまれて道に捨てられた七宝の仏像のように。
(8) 貧乏な女が貴い帝王の王子を宿すように。
(9) 真金の像を鋳おわって地に倒してあるように。
そのように一切衆生のなかに如来蔵が存在する。

このように、きわめて素朴な理論をもって、如来蔵の存在を説いている。『不増不減経』には、

衆生界とは即ち是れ如来蔵なり、如来蔵とは即ち是れ法身《ほっしん》なり。

と説き、また、

衆生界は即ち法身、法身は即ち衆生界なり。

といい、その衆生界には、

(1)　如来蔵が無始のときからずっと共存し、しかも本質的に結合している自性清浄心。

(2)　如来蔵が無始のときからずっと共存しているが、しかし本質的には結合していない（客塵）煩悩に汚された自性清浄心。

(3)　如来蔵が未来永劫にわたって平等で、常住である法性。

の三種の性質がある、という。

如来蔵経典のうちで、もっとも有名なのは『勝鬘経』である。上述したように、この経は勝鬘（シュリー・マーラー）夫人という国王の妃が主人公となって、堂々たる説法をおこない、仏がそれを一々承認して、夫人がやがて仏と成るべきことを予言する、という形をとっている。経において、夫人が、正法の理解と教示と護持・摂受《しょうじゅ》を誓う三大願から始まり、その正法についての議論が進められ、やがて聖諦《しょうたい》について論ずる。すなわち、四聖諦のうち、苦と集と道の三諦は、声聞《しょうもん》・縁覚《えんがく》すなわちいわゆる小乗仏教徒のための有為《うい》の方便であって、滅諦のみが無為・無余（あますところのない）の真実のよりどころである。そしてこの滅諦は常住不変の法身である、と説く。この法身に煩悩がまつわっているとき如来蔵と呼ばれるけれども、如来蔵そのものは本来きよらかな自性清浄心であり、すべてのもの、すなわち、有為の諸法も無為の諸法も、また迷いにほかならない輪廻も、さとりである解脱も、すべてその原動力は如来蔵であるとし、しかも、如来蔵は不生不滅であり、有為法を超越し、常・恒・清浄・不変であることを、経は力強く宣言する。

『涅槃経』（くわしくは『大般《だいはつ》涅槃経』）になると、「如来蔵」の語の代わりに、「仏性」の語が用いられる。仏性はブッダ・ダートゥ（buddhadhātu）の訳語と推定され、ダートゥにはいろいろの意味があるが、ここでは根拠・原因などをあらわし、界や性などの訳があって、ブッダ・ダートゥが「仏性」と訳された。経そのものは、ブッダの法身の常住性と仏性の普遍性を説くことを中心テーマとしており、とくに、

一切衆生悉有仏性《しつうぶっしょう》（一切衆生は悉く仏性有り）

の句が名高い。

この経は、これまであげてきた諸経にくらべると、かなり大部な経典であるが、仏性については、主としてそのなかの「如来性品」（第四章）中に説かれている。如来性というのは仏性のことである。そしてここでは、有為の諸法を断じて得られる解脱を仏性と呼んでいる。ここでは、我（アートマン）が肯定されて、それがそのまま仏性であるといい、この仏

性は小乗の無我説にたよっている人々にはきわめて見がたいものである、という。このように、仏性の肯定、すなわち我の肯定は、たんなる存在論的な意味におけるものではなくて、我と無我との対立を超越した中道の立場にもとづくものである。経は、無常・苦・無我・不浄に対しても、常・楽・我・浄を説いているけれども、それもこの立場にもとづいており、素朴な肯定そのままのものではないことを知らなければならない。この場合、固定した性質を有することはなく、諸法は「不定《じょう》」である、という。経にしばしば説かれる論理が仏性に関しても適用されており、それがもっとも尖鋭化するのは「一闡提《せんだい》（イッチャンティカ）成仏」の問題である。一闡提とはもともと成仏の条件を欠き、したがって仏性の欠如したものであって、経はこれに激しい批判を浴びせるけれども、それでもなお、究極には、この一闡提までも成仏することを説いている。

以上の諸経に説かれた如来蔵思想を教義的に大成したのが、『究竟一乗宝性論』（略して『宝性論』）である。その内容は、右に述べた如来蔵・仏性の思想を集大成したもので、右の諸経からの引用も多い。以下にこの説の専門家である高崎直道博士の文（『講座仏教思想』第三巻「如来蔵・仏性思想」）を紹介しよう。

自他平等観が如来蔵思想の基本的なみかたであることは、『宝性論』の「造論の目的」で説かれていることから明瞭である。そこでは如来蔵思想を説く目的を「五種の過失を除き、五種の功徳を生ぜしめるため」といい、⑴自分はさとれないとひるむ心に対して、如来蔵ありといって、大勇猛心を起こさしめ、⑵発心して、未発心者をあなどる心に対して、一切衆生に如来蔵ありとして、衆生に対して、大師としての敬意（大師想）によって、自他平等の念を起こし、⑶虚構のものを実在と執著する心に対して、般若の知によって、煩悩の空、客塵たることを説いて、過失を除き、⑷真実の法すなわち究極的な価値をもなしとみる（誹謗真実法）ものに対して、如来の後得の智によって、不空なる如来の徳性ありと明かし、⑸強い我執（自己愛）に対して、慈愛（慈）にもとづいて、自他を平等に愛せしめ、よって仏の位にすすましめる、という趣旨を説明している。仮構された自我を否定し、如来蔵の自覚に立ったもの（仏子の自覚をもったもの、ボサツ）が、一度否定された日常世界に還り来たって、如来としての自己を実現する――如来としての自己の実現とは、自他平等観に立つ衆生救済の行である。これが仏教者の社会におけるありかたである。しかし、ボサツといえども、そのはたらきは、つねに如来の力に支えられて（加持 adhiṣṭhāna）によってであることもまた、忘れてならないことである。

第五節　唯識説

唯識説（Vijñānavāda）は、中期大乗仏教経典である『解深密経《げじんみつきょう》』『大乗阿毘達磨経《あびだつま》』によって説かれ、ついで、マイトレーヤ（Maitreya　弥勒）を経て、アサンガ（Asaṅga　無著）とヴァスバンドゥ（Vasubandhu　世親、天親）とによって大成された。マイトレーヤに関しては、歴史上の人物としての実在説と未来仏としていまは兜率天にいる弥勒《みろく》ボサツ説との二つがあり、いずれとも決しがたい。またヴァスバンドゥの年代については、三二〇～四〇〇年ごろの説と、四〇〇～四八〇年ごろの説との二説があり、なかには二人のヴァスバンドゥを主張する学者もある。アサンガはヴァスバンドゥの兄であるから、前者にしたがえば三一〇～三九〇年ごろ、後者によれば三九〇～四七〇年ごろの年代ということになる。

ヴァスバンドゥのあとには十大弟子が出現したと伝えられている。五世紀はじめごろ建てられたナーランダ（Nālanda）の大僧院において、この学問はさかんに学ばれ、研究された。六世紀の始めに、ナーランダ出身のグナマティ（Guṇamati　徳慧）は西インドのヴァラビー（Valabhī）に移り、その弟子スティラマティ（Sthiramati　安慧）は、ヴァスバンドゥの著書『唯識三十頌』の註釈書をつくり、多くの弟子を教えた。この系統は「無相唯識派」（Nirākāravādi-yogācāra）と呼ばれているが、パラマールタ（Paramārtha　真諦、四九九～五九〇年）によって中国に伝えられ、摂論宗《しょうろん》として一時栄えた。

一方、五世紀はじめに活躍したディグナーガ（Dignāga　陳那）は、ヴァスバンドゥの著書『唯識二十論』の理論をさらに発展させて、『認識の対象の考察』（Ālambanaparīkṣā

漢訳『観所縁論』）をあらわして、その系統は「有相唯識派」(Sākāravijñānavadin) と呼ばれるが、アスヴァバーヴァ（Asvabhāva　無性、四五〇〜五三〇年ごろ）、ダルマパーラ（Dharmapāla　護法、五三〇〜五六一年）に伝えられ、ナーランダ寺院において、さかんに学ばれ、研究された。この寺院において、ダルマパーラの弟子シーラバドラ(Śīlabhadra　戒賢、五二九〜六四五年）に学んだ玄奘は、帰朝後、『唯識三十頌』に対するダルマパーラの註釈を、他の学者たちの見解の紹介とそれに対する批判をまじえつつ、一本を翻訳した。それが『成《じょう》唯識論』であり、それによって、いわゆる法相《ほっそう》宗を樹立し、これが中国において独自の発展を見、その結果、パラマールタの摂論宗は埋没した。爾後、法相宗は道昭・智通・智鳳・玄昉《げんぼう》などによって日本に伝えられ、奈良時代さかんに学ばれ、その伝統は奈良の諸寺に受けつがれ、江戸時代にはすぐれた学僧が輩出し、この学問は今日にまで伝わっている。

無相唯識と有相唯識との大きな相違点は、アーラヤ識（後述）の取り扱いかたによる。前者はアーラヤ識もまた空として、究極的に否定され、最高実在が個体において現実にあらわれ、見るものと見られるものとが分かれない絶対知が得られると説くが、後者は、アーラヤ識を実有の識体と見なし、それが変化して見るものと見られるものとが生ずるという説を立てる。この説にしたがえば、絶対知を得ても、アーラヤ識そのものが否定されるのではなく、そのなかにふくまれている煩悩の潜勢力が根絶されるのであると説くから、絶対知においても、見るものと見られるものはそこにあることになるのである。

以下、よりくわしく唯識説を、ヴァスバンドゥの『唯識二十論』と『唯識三十頌』（ともにほぼ渡辺照宏博士の訳を借りる）とにもとづいて、論じて行こう。

唯識（vijñapti-mātratā）について、『唯識二十論』はその冒頭につぎのように説く。

大乗の教えによれば、われわれの経験世界はただ識別（vijñapti）のみにすぎない。なぜかというと、経典（＝『華厳経』）にも、「勝者の子（＝仏弟子）たちよ、この経験世界はただ心（citta）のみにすぎない。」と説かれているからである。

心（citta）・意（manas）・識知（vijñāna）・識別（vijñapti）は同意義である。この場合に「心」というのは、心に付随する（さまざまな心理作用）をふくめて考慮する。

「ただ……のみ」というのは、外界の存在を否定するという意味である。

第一頌　この世界はただ識別にすぎない。実在しないものを対象として映出*しているからである。たとえば眼病をわずらうものには、実在しない毛髪とか、（二重の）月などが見えるのと同じことである。

この識知そのものが対象として映出されるのである。たとえば眼病をわずらうものには、実在しない毛髪とか、（二重の）月などが見えるのと同じであって、対象はまったく存在しない。

＊右に「映出」と訳したのは、原語はアーブハーサ（abhāsa）で、ふつうは「顕現」「似現」の訳語が用いられる。「無なるものが有なるものに似て顕現する」といわれるように、実在しないものを実在するかのごとく仮に現わし出すという意味である。

以上の引用によって、唯識の主張の根本的態度は明らかであろうが、これを逆にいえばつぎのようになろう。

わたくしたちはわたくしたちをとりまいている外界は、そのまま実在している、と思っている。そしてそのなかのわたくしたちに触れる対象は、やはりそれ自身で存在している、と常識的に固く強く思いこんでいる。そのような考えを、唯識説は真向から否定する。外界・対象・一切のものは、すべて識別のみにすぎない。それらは実は存在していないのに、存在しているかのごとく現われ出ているのにすぎない。もしも識別ということばで判りにくいならば、表象といってもよい。さらには心のもつイメージといいかえてもよい。いわば心のイメージをもって、わたくしたちをとりまいて存在しているごとくであるけれども、すべては所詮、心のイメージの投影にすぎない、と唯識説は主張する。このように外界の対象の非存在を、『唯識二十論』はさらにくわしく説く。

それを受けて、『唯識三十頌』の第一頌は、一歩つっこんで、「識の変異（parināma）」が、世界・外界・存在をつくり出して行くと説く。すなわち、第一頌ａｂｃ　実に、さまざまな仮説が、個人我および存在要素について出現するが、（その仮説は）識知の変異において（出現するのである）。

そして、

第一頌ｄ　その変異は三種類である。

第二頌ａｂ　㈠行為の成熟、㈡思考と名づけられるもの、および㈢対象の識別である。

この三種についてはすぐあとに述べる。そして先の『唯識二十論』で述べたことがらをつぎの詩がさらにくわしく説く。

第十七頌　この識知の変異は構想である。それによって構想されるところのものは実在ではない。したがってこの世界全体はただ識別のみにすぎない。

さて右の三種の変異について、

第二頌ｃｄ　そのなかで「行為の成熟」というのは、根源的と呼ばれる識知（アーラヤ識

＝阿頼耶識）のことであり、あらゆる種子を内蔵している。
第三頌ｃｄ　㈠感触、㈡注意、㈢感受、㈣想念、㈤意思をつねに随伴する。
第四頌ａｂ　その（根源的識知に属するところの）感受は不偏であり、かつそれは障害のない中性である。
第四頌ｃ　感触その他もまた、それと同様である。
第四頌ｃｄ　そして、それ（根源的識知）は流れとして活動している。たとえば激流のごとくである。
第五頌ｂｃｄ　かのもの（根源的識知）にもとづいて活動し、かのものを対象とするのが、思考（マナ、末那）と名づけられる識知であって、思考作用を本質とする。
第八頌ｂｃ　第三の（変異）は六種類の対象を知覚することである。

以上を「識」において綜合すると、

(1)　アーラヤ識
(2)　マナ識
(3)　六識

ということになる。

なお先に「種子」ということばが用いられたが、これは古くから用いられていることばで、あるものの結果であると同時に、あるものを生み出して行く可能性をあらわす。

アーラヤ識のアーラヤ（ālaya）とは、「住居」「容器」「蔵《くら》」をあらわす。アーラヤ識は、わたくしたちの身体・生命を維持《アーダーナ》して行く点から、アーダーナ識とも呼ばれる。また右の頌につけ加えていえば、（無限の）過去から現在にいたるまでのすべての行為ののこしてきた余力・余習が、一切の種子として、いわば蔵のなかに貯えられているところから、アーラヤ識はまた一切種子識とも呼ばれる。それが根源的であるというのは、一切の識別・識知は、いわば潜在的意識としてあることをいう。それは眼には見えないけれども、右に述べたとおり、一切の他の識の根柢にあり、それらを生み出すはたらきをする。

マナ識（mano-nāma-vijñāna）については、

第六頌ａｂ　（それには）障害のある中性的な四個の煩悩がつねに随伴する。

第六頌ｃｄ　（その四種は）㈠我見（個人我についての妄信）、㈡我痴（個人我についての迷い）、㈢我慢（個人我についての慢心）、㈣我愛（個人我への愛著）と呼ばれる。

第七頌ａ　（その四個の煩悩のなかでもとくに）当人が生まれているその同じ（世界や地位に）属するもの（のみを随伴する）。

第七頌ａｂ　さらにその他に感触などを（随伴する）。

以上から、このマナ識は自我意識と呼んでもよい。なお右の第六頌ａｂにあるように、つねに煩悩が随伴するので「汚れた意《マナス》」とも呼ばれる。第五頌の始めに述べたように、この自我意識はアーラヤ識から生ずる。

六識は、それぞれ眼識が色を、耳識が声を、鼻識が香を、舌識が味を、身識が触《そく》（触れられるもの）を、意識が法（考えられる対象）を識知・識別する。そしてこの六識もまたアーラヤ識から生じたものであることは、先に述べたとおりである。そして自我意識（マナ識）と六識とが「現勢的な識」である。

これまで述べてきたのは、アーラヤ識から自我意識および六識の生ずるプロセスであったが、同時に後二者の活動の余習がアーラヤ識に還元されるという方向もあって、それがアーラヤ＝蔵の意味であり、いわば循環することになるのである。いいかえればつぎのようになろう。いうまでもなく、仏教の根本思想は無常であり、これがアビダルマ仏教においては、刹那滅として考えられた。それは唯識説においてどうなるか。どんな行為（識をふくむ）も一刹那だけ現在して、過去に落ちて行く。その落ちて行く際に、アーラヤ識に余習をのこして行く。その余習が種子としてアーラヤ識のなかに貯えられ、それが成熟して、（「識の変異」を経て）再びそこに諸識が生じ、行為がおこる。そのような循環がおこなわれ、しかもそれは各一刹那ごとにおこっているのである。

唯識説のもう一つ重要な思想に「存在の三様態」説がある。それは『唯識三十頌』の第二十頌以下に説かれるが、それらは、

㈠　構想された存在（遍計所執性《へんげしょしゅうしょう》）
㈡　相対的存在――他に依存する存在（依他起性《えたき》）
㈢　絶対的存在――完成された存在（円成実性《えんじょう》）

である。

「構想された存在」とは、アーラヤ識・自我意識・六識によってつくり出されたいわば対象に相当し、それは当初に述べたように存在せず、無である。

「相対的存在」とは、

第二十一頌ａｂ　これに反して、相対的存在は構想ではあるが、（さまざまな）機縁（が集合して）生起したものである。

と説かれているように、アーラヤ識をふくむ全部の識の構想ではあるけれども、すでにその

識の対象が（前述のとおり）無であることが明らかとなれば、識が対象と依存関係にあることの存在もまた無となる。

「絶対的存在」は、

第二十二頌ａｂ　この（絶対的存在）は相対的存在と別なものでもなく、別なものでもないのでもない。

と説かれ、またすでに、

第二十一頌ｃｄ　さらにまたその（相対的存在）から、その前の（構想された存在の要素）をまったく消去してしまった状態が絶対的存在である。

と説かれていて、前者から見ても、後者の消去・否定というところから見ても、やはりこれもまた無といわなければならない。以上全部を集めていえば、「三性三無性」となる。これを第二十四〜第二十五頌ａｂでつぎのように説く。

（三種類の存在のなかで）、第一の（構想された存在）はその性格そのものからみて、すでに無存在である。つぎに（第二の相対的存在は）自主的存在性を欠くから、やはり無存在である。また（その同じ相対的存在は）存在要素の絶対性（としては、第三の絶対的存在である）。したがって、これを「真如」とも（名づける）。

そして、

第二十五頌c　あらゆる場合に（どういう境地においても）真実そのままの姿であるから（真如と呼ばれる）。

第二十五頌d　その（真如は）とりもなおさず「ただ識別のみ」という真理である。

と説いて、最初に述べた唯識説の根本的立場につらなっている。そしてそれ（を自覚すること）が、いわば迷いの世界からさとりの世界への転換にほかならない。

しかしさらに一歩進んで実践の段階において、「ただ識別のみ」ということにこだわっていてはならない。たえず心をそれにおびやかされながら、それにとらわれていては、「ただ識別のみ」ということすら、安定しているとはいえない。そして、

第二十八頌　これに反して、認識活動が現象をまったく感知しないようになれば、「ただ

識別のみ」という真理のなかに安定する。なぜかというと、もしも認識対象が存在しなければ、それを認識することもまた、ないからである。
第二十九頌　それは心が無となり、感知が無となったのである。それは、世間を超越した認識であり、（かつまた道徳的および認識論的の）二種の妨害を根絶することによって、基底（であるところの根源的識知）が変化を起こす。
第三十頌　これがすなわち、汚《けが》れを離れた領域であり、思考を超越し、善であり、永続的であり、歓喜に満ちている。それは解脱身であり、それは大聖人（ブッダ）の法と呼ばれるところのものである。

といって、『唯識三十頌』を結んでいる。
このような心境は、実はヨーガの実践のうちに達せられる。そのようなところから、これらの人々はヨーガに励み、「ヨーガの実践者」（yogācāra　瑜伽師《ゆがし》）と呼ばれている。

第六節　仏教論理学（因明）と哲学

仏教論理学（因明）

論理学という学問を生み出した文化・民族は、ギリシア人とインド人だけであった。ギリシアの論理学は、とくにアリストテレスによって基礎が置かれ、中世を通じてさかんに学ばれた。カントによって多くの整備を受けたとはいえ、〔形式〕論理学は西洋哲学を貫く一つの柱であった。最近は特殊な式を用いるいわゆる記号論理学が、欧米に始まって、各地でさかんである。

同様に、インドもまた論理学を生み、育て、発達せしめた。はじめ西暦二〜三世紀にニヤーヤ（正理）学派によってインド論理学が基礎づけられ、それを仏教がとり入れた。ニヤーヤ学派と仏教論理学とは、たえず論争をくり返した。したがって、仏教論理学はいわゆる中期大乗仏教におこり、栄えた。

ニヤーヤ学派では、五分作法と称する論式で示される。すなわち、

㈠　主張（宗《しゅう》）　あの山には火がある。
㈡　理由（因）　煙を有するがゆえに。
㈢　実例（喩《ゆ》）　なにものでも煙を有するものは火を有する。たとえばカマドのごとし。
㈣　適用（合）　煙のあるカマドのごとく、あの山もまたそのとおりである。
㈤　結論（結）　ゆえにあの山には火がある。

仏教論理学で活躍したのは、先の唯識の節で紹介したディグナーガ（Dignāga　陳那、四

八〇~五四〇年ころ）である。かれによって、それまでの論理学は面目を一新し、新しい論理学が樹立された。かれ以前の論理学が古因明《こいんみょう》と呼ばれるのに対して、かれ以後の論理学が新因明と呼ばれるのは、そのためである。

かれはこれまでの五分作法をあらためて、「三支作法」というありかたに変えた。前の例を用いていえば、

宗　あの山には火がある。
因　煙を有するがゆえに。
喩⑴同喩　およそ煙を有するものには火がある。たとえばカマドのごとし。
　⑵異喩　およそ火がないものには煙はない。たとえば湖水のごとし。

そしてこれは、もしもアリストテレス式のいわゆる三段論法に置きかえるならば、

大前提　およそ煙を有するものには火がある。
小前提　あの山は煙を有する。
断　案　ゆえにあの山には火がある。

となる。

しかし三支作法と三段論法との間には、術語のうえに食い違いがある。また形式論理学の三段論法の規則、たとえば媒概念周延の法則などは、因明では因の三相—九句因説としてくわしく吟味されている。これらは北川秀則博士が詳細に論じておられる（北川秀則『インド古典論理学の研究』、その抜粋は『講座仏教思想』第二巻の「中期大乗仏教の論理学」）。

なおディグナーガの論理学は、『集量論《じゆりようろん》』（プラマーナ・サムッチャヤ）『因明正理門論』にまとめられている。

ディグナーガのあと、ダルマキールティ（Dharmakīrti 法称、六五〇年ころ）によって、その論理学はいっそう緻密なものとなった。かれは『論理学要論』（ニヤーヤ・ビンドゥ）を書いて、新因明を簡単にまとめる一方、ディグナーガの『集量論』の註釈として『知識論評釈』（プラマーナ・ヴァールティカ）をあらわした。

ダルマキールティは、ディグナーガと同様に、知識の根拠として、直接知覚と推論との二つだけしか認めず、しかもその推論では、証因それ自体からみちびき出される推論（スヴァ・バーヴァ・アヌマーナ）と、結果を証因とする推論（カーリヤ・リンガカム・アヌマーナ）とを区別した。

たとえば、

前者の例―主張　これは樹木である。
　　　理由　なぜならば（これは）シンシャパー樹であるがゆえに。
後者の例―主張　あの山は火を有する。
　　　理由　なぜならば（あの山は）煙を有するがゆえに。

なおディグナーガにもダルマキールティにも、また後代の論理学集にも、推理を、「自己のための推理」（スヴァ・アルタ・アヌマーナ）と「他者のための推理」（パラ・アルタ・アヌマーナ）との二種に分けていることは、興味深い。自己のための推理とは、自分の理解のためにおこなわれ、知識を主体とするものである。他方、他人のための推理とは、他人を理解させるためのもので、各命題が形式的に整えられ、ことばをとおして陳述される推論式である。この区別は、推論式が陳述されるか否かという、まったく形式的なもので、論理的に差別があるわけではない。これらについては梶山雄一教授の「後期インド仏教の論理学」（『講座仏教思想』第二巻）にくわしい。

仏教哲学

まず如来蔵思想と唯識説とを綜合したものに、『大乗起信論』『楞伽経』（ランカ・アヴァターラ・スートラ）などがあり、ことに前者は中国・日本においてよく読まれた。

つぎにナーガールジュナの系統を引く中観派は、長い中断のあと、六世紀に復活し、ブッダパーリタ（Buddhapālita　仏護、四七〇〜五四〇年ころ）とバヴィヤ（Bhavya, Bhāvaviveka　清弁《しょうべん》、四九〇〜五七〇年ころ）とが出て、それぞれ『中論』の註釈を書いた。しかしその立場は対立しており、ブッダパーリタの系統はプラーサンギカ派（Prāsangika　帰謬論証派）、バヴィヤの系統はスヴァータントリカ派（Svātantrika　自立論証派）と呼ばれる。これは、後者がある独立の論拠によって空の理論を展開して行くのに対して、前者はみずからはまったくどんな主張ももたず、相手のどんな論理も必ず誤謬へ帰着することを指摘するところから、以上の名称がある。プラーサンギカ派に属するチャンドラキールティ（Candrakīrti　月称《げっしょう》、六五〇年ころ）の書いた『中論』の註釈書である『プラサンナパダー』は、現存する唯一の『中論』サンスクリット註釈本として、貴重なものである。このなかで、かれは「自分にはなにひとつこれといって積極的に主張するものはない」と明言している。かれはまた『中観への入門』（『入中論』）をあらわし、その説はチベットにおいて広くおこなわれた。

また『さとりへの道』（Bodhicaryāvatāra　漢訳『菩提行経』）をあらわしたシャーンティデーヴァ（Śāntideva　寂天、六五〇〜七五〇年ころ）も中観派の立場をとっている。この書物は、九百十七の詩より成り、実践的な教訓、とくに六ハラミツを基本として、他人に対する奉仕（利他）を強調した。たとえば（中村元博士の訳による）、わたくしは、一切の生きとし生けるもののうちで、燈火《ともしび》を求めている人々のためには燈火となり、寝台を求めている人々のためには寝台となり、奴僕を求めている人々のためには奴僕となろう（三・一八）。
今日もろもろの如来を崇《あが》めるために、この世でわたくしは全身をもって奴僕となる。人々よ、わたくしの頭の上に足を置け（六・一二五）。

そのほか、かれは『学道の集成』（Śikṣāsamuccaya　漢訳『大乗集菩薩学論』）『諸経文の集成』（Sūtrasamuccaya　漢訳『大乗宝要義論』）などを書いた。

またハリバドラ（Haribhadra　師子賢　七〇〇年ころ）が出て、マイトレーヤの『現観荘厳論』や『八千頌般若』の註釈をおこなっている。

いわば中観と唯識とを綜合した（学者によっては無相唯識に属すると見る）シャーンティラクシタ（Śāntirakṣita, Śāntarakṣita　寂護、六八〇～七四〇年ころ）は、『真理綱要』（Tattvasaṃgraha）という、全部で三千六百四十あまりの詩から成る大部の書物をあらわした。このなかで、「縁起」に関して唯識的解釈を展開しており、またダルマキールティに言及することが多い。なおシャーンティラクシタは『中観荘厳論』という小さな書物をあらわしている。

その弟子のカマラシーラ（Kamalaśīla　蓮華戒、七〇〇〜七五〇年ころ）は、『真理綱要』の註釈書をあらわした。そのほか『修習次第』（Bhāvanākrama　漢訳『広釈菩提心論』）を書き、これは『中観荘厳論』とともに、チベットにおいて広く読まれ、貴重な書物とされた。

その他、後期大乗仏教の学者として、幾多の名前があげられており、それらの研究がさかんにおこなわれているが、ここには、パドマサンバヴァ（Padmasaṃbhava　蓮華生、七〇〇〜七六〇年ころ）が出て、チベットに仏教を伝えたということを記すだけにとどめておく。

第七節　密教

ゴータマ・ブッダは、世俗のあらゆる呪術・呪文・迷信・密法などをおこなうことを固く禁じ、また排撃した。この例は初期仏教経典の随所に見られるところであり、たとえばブッダの遺言といわれるものの一つに「師に握拳なし」というが、これは拳をにぎりしめていて、そのなかにひそかに隠してあるものはなにもない、という意味である。

いいかえれば、ブッダの教えは万人に向かって分けへだてなく開かれていて、それがブッダの人格とともに、偉大な教えとなり、また救済ともなったのである。このような呪術や魔法の否認・排撃は、初期仏教教団の基本的な性格の一つであり、それは、それらいわばマジカルなものに依存することなしに、自己凝視・自己直視を徹底して行ったブッダの根本的立場によるものである、ということができるであろう。このことは、呪術的なものに力を借りて君臨していた当時のバラモン教の宗教儀礼に反逆するものでもあった。

さらにずっと昔にさかのぼって考察するならば、インドに侵入して文化・文明を築きあげたアリアン人は、かなり合理主義的な思想を抱いていた。しかしかれらはインドに侵入して、非アリアン人と交わり、かれらからかなりの影響を受けて行った。アリアン人が北西インドに侵入し定住して最初に作成した宗教聖典『リグ・ヴェーダ』を見てみると、神々に捧げた讃歌のなかに、約三十ほどの呪術のマントラ（真言）がふくまれている。しかしこれは全体から見ると、ほんのごく一部にすぎない。アリアン文化と非アリアン文化との混淆が進むにつれてつくられて行った『サーマ』『ヤジュール』『アタルヴァ』の三ヴェーダを見て行くと、最後の『アタルヴァ・ヴェーダ』のなかでは、呪文・呪法の占める比重が非常に高い。災害を悪鬼や悪霊のしわざとし、また神や他人の呪咀によるものと考えて、これに対して、反対にさらに大規模な呪術をおこなって、その力でそれらを除去しようとする傾向がありありと見られる。

この傾向を受けついだいわゆるバラモン教は、アリアン人の東方進出、土着民との交流によって、いっそう促進され、バラモンといえば、その力で神々をも支配する呪術をおこなう魔術師のごとくさえ考えられた一時期もあった。

しかし仏教が生まれた時期は、それから一時代進んでおり、すでに上述のようなマジカルな思想は遠ざけられ、反バラモンの気風がさかんであり、バラモンの権威を否定する自由思想家が輩出した状況は、本書のはじめに記したとおりである。

ゴータマ・ブッダもバラモンを尊敬している。しかしその場合、そのバラモンの内容はすっかり変化しており、知慧があり、なによりもおこないの正しい人々をさすものであった。ところで、ブッダの伝記中に、奇跡を示すような記述が少なからず見うけられる。ブッダ自身は一方でいわゆる神通力の濫用をいましめているけれども、仏伝はブッダが神通力を発揮した説話を数多くふくんでいる。たとえば、ブッダの受胎・誕生にはじまって、ガンジス河を歩いて渡ったとか、三人のカッサパ兄弟（ウルヴェーラ、ナディー、ガヤー）を神通力で打ち破ったとか、その他、いくつもの神通物語がある。しかしそれは、ブッダ個人の呪術行使を示すものではなくて、後世の仏伝作者が、ブッダを超人化し、神格化し、それが次第にエスカレイトしていった一種の宗教的表現にすぎない（右に述べた神変の一つ一つは、いわば合理的な解釈も可能である）。

仏教がひろまるということは、ビク・ビクニ・教団の拡大ということもふくまれるけれども、なによりも、一般民衆のあいだに仏教が浸透して行ったことを意味する。そのさいに、上述の仏伝の奇跡物語は大いに活用されたにちがいない。さらにインド特有の輪廻思想との結合によって生まれた『ジャータカ』（ブッダの本生譚）は、多数の不可思議な物語を展開し、神話めいたものをつくり出しており、それらは大乗仏教前後の仏教文学に受けつがれて行く。

経典のなかにも（いわゆる初期経典といわれるものも）、編纂の新しいものは、いつしか呪文に対する態度を変化させて、それらの幾つかをふくむようになり、とくに自己の護身のための呪文は黙認されるようになって行った。それがパーリ語仏典におけるパリッタ（Paritta）である。現在東南アジアの教団でも、災害を免れて自分を防禦するために読誦する経典類をパリッタと呼んでおり、その数も多い。

大乗仏教に入ると、それが一般民衆との緊密な関係にあったところから、かれらの宗教に対する態度に、少なくともなにかしらマジカルなものを求め、しかもさらに現実にそれが実現され果たされるものを要望することが見えはじめる。こうしていわゆる密教的なるもの、すなわち呪術・呪言・呪句そして神秘的な要素をもった儀礼が、次第に色濃く浸透してくる。

こうして、大乗仏教経典には真言ダラニを説くもの、あるいはそれを付加するものが次第に数を増してくる。もっともポピュラーなものとして、現在伝わっている『法華経』もそうであり、『般若心経』もそうである。真言とはマントラ（mantra）の訳で、それはもともとバラモン教において、ヴェーダの祭儀に用いられた呪をいう。これには、⑴まったく無意義の語から成るもの、⑵無意義の語と有意義の語との両種の語の混合より成るもの、⑶ほとんど有意義の語から成るものの三種がある。またダラニ（陀羅尼）は正しくはダーラニー（dhāraṇī）で、心を一つのものに集中し統一して、修行に専念することを意味していた（したがってインド一般におこなわれたヨーガとの関係が深い）。いわば総持とか、三昧とかと同類の語である。それには経典の内容を短いことば、または音に凝結して、その一音、一句、せいぜい一文をもって、経典全体を代表させようとし、それが大乗仏典の読誦信仰とともに、ダラニ読誦の功徳が大きく取りあげられるようになったものである。後世には、ダラニは、そのような経典の抄出ということから独立して、それだけで独立した文章・句・語となってきて、ここに呪が結びつく。こうして、紀元四世紀ごろには、たとえば『孔雀王呪経』とか『護諸童子陀羅尼経』などの真言ダラニのみによる経典が出現するようになる。ここでは、これら真言ダラニを読誦し、それに心を集中・統一して、さまざまの災害を除き、現実の望みを達成することがはかられ、その読誦中に諸尊があらわれて、その諸尊を供養することを説く。同時に、これをどのように読誦し、どのように供養するかのきまりが次第に規定されて行く。

もともと密教とは、秘密仏教という意味であって、これまで先に述べてきた顕教に対抗することばである。秘密というのは、そのサークル独特のきまりにしたがって、真言ダラニを読誦し、諸尊を迎えて、一種のエクスタシーに入るもののみが占有することをあらわしている。

そのきまりによると、方形または円形の土壇を築き、諸尊をここに迎えて安置し祭祀（宗教儀礼）をおこなった。その壇をマンダラ（maṇḍala 曼陀羅）というが、のちには、本仏である大日如来を中心に諸尊を配置した図画をマンダラというようになる。これは神々のパンテオンともいうべきもので、一種のシンボルであり、いわばその祭祀に加わったサークルの神秘的なファンタジーがつくり出したものである。なおマンダラを前に、火（ホーマ↓護摩）をたいて、神秘をいっそう増大させるが、これはおそらくヒンドゥー教から取り入れたものであろう。こうして供養法、観仏法、結界作壇法、さらには降雨法、止雨法（農業国インドにとっては適量の雨ほど、重要なものはない）などが考案され、次第に精緻をきわめて行く。また当然のことながら、病気治癒の祈願や呪術的な医療がおこなわれ、そのための経典もつくられて行く。

右にも記したとおり、密教の本尊すなわち根本の仏は、（釈迦仏ではなくて）大日如来であり、別名大ビルシャナ仏（Mahāvairocana Buddha）である。その大日如来をとりまいて、観音や普賢をはじめとする諸尊が鎮座している。これら諸尊について、多数の印契《いんげい》が説かれた。印契（mudrā 印相）とは、仏・ボサツ・諸天の内証・本誓を教示している形式的な姿で、とくに手指をからみ合わせた印をいう。それはのちになると、その印によって真実の世界を表示するすべての現象・ものを、たとえばヨーガ行者が手にする蓮華・剣・金剛杵、さらには礼拝対象となる仏像までも、印契と呼ぶようになる。

密教の開祖はナーガールジュナ（Nāgārjuna　龍猛、六〇〇年ころ）とされるが、不明なところが多い。

中期〜後期大乗仏教の一部が、先に述べたように、むずかしい学問仏教に専念するあいだに、この密教の現実主義的実践は、それが実際に人々を神秘の世界に引きよせ、現実に宗教的エクスタシーをあたえ、さらに災害を除き、利益を授けるものとして、非常な勢いで伸びて行った（その一例として、中国僧の義浄が六七三〜六八五年にインドを旅行したころ、当時は大乗・小乗兼倶の学問の中心であったナーランダは、のちに密教の根本道場となっていった）。

この間、諸種の小さな密教経典がつくられて行ったが、七世紀半ばごろ、ナーランダあるいは西南インドで成立したといわれる『大日経』、七世紀末に東南インドで成立したといわれる『金剛頂経』の二大根本聖典の出現によって、密教の最盛期を迎えることとなる。『大日経』は、インド王族の出身であるシュバーカラシンハ（Śubhākarasiṃha　善無畏、六三七〜七三五年）が七一六年長安に来て、これを漢訳し、一行（六八三〜七二七年）がこれを記録した。サンスクリット経典はまだ発見されていないけれども、一部分は他の書物への引用によって知ることができる。チベット訳もある。その第一章の「住心品」には「菩提心を因とし、大悲を根とし、方便を究竟《くっきょう》とする」という三句があり、この実践によって、絶対の知慧が獲得されうるとする。これにもとづいて描かれたマンダラは、大悲胎蔵界マンダラといい、たんに胎蔵界マンダラともいう。それは理すなわち絶対界をあらわし、その絶対界から大悲によって衆生を救う方便を示している。

『金剛頂経』は、漢訳三本があるが、通常、インド王族の系統を引くアモーガヴァジュラ（Amoghavajra　不空、七〇五〜七七四年）訳の三巻本をいう。金剛頂部の経典には、十万頌の分量をもち十八部（十八会）があるとされるが、右の書物はそのなかの第一部（初会）に属する経典の最初の部分の訳である。他の漢訳に、宋代のダーナパーラ（Dānapāla　施護、九八〇年ころ中国に来る）訳の三十巻本があり、それは現存サンスクリット本やチベット訳にほぼ一致する。『金剛頂経』の内容は、ヨーガを中心とする秘義の一大体系であって、唯識派の理論がその背景となっている。この経に説かれる金剛界マンダラは、大ビルシャナ仏の説く五段階の教え（＝五相成身観）によって、衆生が理想の正覚を得た境地を表現したものとされており、胎蔵界マンダラが理のマンダラであるのに対して、金剛界マンダラは智のマンダラといわれる（なお密教はさらにその途を進めるが、中国および日本に伝えられた密教は、おおよそここまでのもので、それは真言宗として、日本において発達する。なお日本の諸宗派は、鎌倉時代の新仏教をもまじえて、なんらかの形で密教的なものを、教団の発展とともにとりいれて行く）。

密教では、みずから「金剛乗」（Vajrayāna）と名乗る。金剛とはダイヤモンドで、もっとも硬く、それは不壊をあらわし、また宝石のうち最高のものであるから、その意味もふくむ。あるいはまた雷霆《らいてい》の神インドラ（帝釈天）のもつ武器に金剛杵があり、これが雷撃を天地にあたえるところにもとづくともいわれる。

密教がいわば閉鎖された秘密のサークルでおこなわれたことは、前に述べたが、その儀式はかなり複雑である。師（グル、またはアーチャールヤ＝阿闍梨）について学び、その教えを受けなければならない。また頭に水をあびる灌頂（アビシェーカ）を経て、さまざまな法具をもちいて、秘儀にあずかる。

密教の特徴は幾つかあるけれども、つぎの三点がとりわけ重要であろう。

第一に、諸仏諸尊諸天を念じて、真言ダラニをとなえ、火をたくなどのことを始めとする秘儀という性格であり、その秘儀に参加することによって、宗教的エクスタシーにひたり、神秘的な世界に没入することができる。これは、如来蔵・仏性が可能性としてとどめておいたものを、その場において実現させ、その場において仏と成る、すなわち即身成仏を説くことになる。そこでは、六ハラミツの実践や、多くの戒を守ることは要求されない。それどころか、この秘儀への参加は、現に成仏していることによって、現在の幸福が承認されている。こうして、人間の煩悩や情欲も、克服・抑圧されるのではなしに、反対に尊重されるべきであるとされる。ただし愛欲は一切衆生に対する慈悲にまで高められなければならない。

この大胆な煩悩肯定は、当時の迷信と妥協し結合して、エロティクな儀礼をみちびき入れる可能性があった。はたしてインドラブーティ（Indrabhūti　八世紀）に始まる一部の密教徒は、男女間のセックスを礼賛することからさらに絶対視して、そのエクスタシーのなかに即身成仏を見た。いわゆる左道密教と呼ばれるものがこれで、別名タントラ仏教ともいう。これはヒンドゥー教のタントラ（性力《シャクティ》＝女性のエネルギーを崇拝する）をとり入れたものだからである。これはとくに九世紀以降とくにさかんとなった。

密教の第二の結論は、大日如来の本尊のほか、非常に多数の諸仏諸尊をまつり、従来の仏教では説かなかった多数の明王、仏教外の諸神（＝天）、鬼神、神将、諸聖者までもとり入れて、それらを大日如来の現われ（権化＝アヴァターラ）であるとし、あるいはまた大日如来の外護者として、ここに一大マンダラをつくりあげたことである。いわばマクロとミクロとを一つにしたような宇宙を描き出し、それを直観によってとらえようとした。

第三の特徴としては、右のような宇宙―マンダラを理論的・抽象的ではなくて、具体的・現実的に、芸術に象徴的に表現している。こうして作成された絵画・図表・彫像・音楽など、いわゆる視覚や聴覚に訴える芸術を発展させた。それはある意味で、密教は秘密でありながらしかも表現主義と呼ぶこともできる。マンダラのすばらしい絵が画かれ、印契を結んだ美しい諸尊が刻まれた。それらはいずれも神秘的なものを深く宿すと同時に、その教理（一言でいえば即身成仏）からする現実肯定の精神をリアルに表現している。インド・中国・日本・東南アジアの仏教芸術の大部分は密教と関係をもち、その意味において不滅の功績をになっている。

やがて密教の最終段階に、世界原因としての原初仏（アーディブッダ）の信仰が現われた。これは明らかに、ヒンドゥー教、あるいはイラン的ないしイスラーム的な有神論の影響によるものである。この信仰はインドに栄えたあと、ネパールやチベットに伝えられた。

一方、左道密教の変形は「サハジャ乗」（Sahajayāna, Sahajiyā）として現われた。サハジャとは「生来」「生まれつき」という意味で、さとりが人間生まれつきそなわっていると説くところから、人間の性情をそのまま肯定するもので、俗語であるアパブランシャ語やベンガル語などの作品がのこされている。

イスラーム教の侵入とともにその影響を受けて時輪（カーラチャクラ）タントラが成立した。ここでは、迷いの現実生活を時間の車輪にたとえ、原初仏を信仰することによって、この迷妄の世界から脱却しようとした。しかしこの方面の研究は未開拓で、詳細は知られていない。

本来、宗教そのものは、人間そのものの信頼のうえに成立するものではあるけれども、その信頼はたんなる承認・容認ではあり得ない。それでは宗教でもないし、思想ですらない。それは必ずいったんなんらかの形において否定を通過し、大いなる否定があって、そのうえに肯定を迎えるのでなければならぬ。それを経過することなしに、たんに現実をそのままに、本能の説くまま、欲望の奔るまま、行動している姿は、宗教として堕落したものといわなければならない。

こうして、密教は、その姿勢が現実にまた民衆に迎合するにつれて、次第にその宗教性を失って行き、またヒンドゥー教的要素の増大とともに、逆にヒンドゥー教に吸収されて行く。一時さかんに燃えあがった密教は、その炎がめざましいものであっただけに、その凋落はまことに痛ましい。そしてそれが仏教の最後の形となった。

いままで筆を抑えてきたが、密教は何度もくり返すように現世的であるという特色から、政治との結びつきが深い。とくにグプタ王朝、パッラヴァ王朝、パーラ王朝などの庇護を受けており、そのなかでも、ベンガルとオリッサ（東インド）を支配したパーラ王朝の最初・最大の王ゴーパーラ（七七〇年ころ即位）は、ガンジス河畔に壮大なヴィクラマシラー(Vikramasilā) 寺院を建立し、その下に百八の寺院を擁し、インド各地はもとより、チベット、ネパール、中国、ジャヴァ、スマトラなどの留学僧もここで学んだ。

パーラ王朝は約四世紀のあいだ続いたが、一一九九年に滅亡する。引き続いてヴィクラマシラーの大寺院は、イクティヤール・ウッディーンの率いるイスラーム軍によって、一二〇三年、わずかな遺蹟ものこさず徹底的に破壊し尽くされ、財産はことごとく強奪され、ビク・ビクニは殺された。その徹底した破壊によって、現在なおヴィクラマシラーの所在さえ確かめられない。ナーランダその他の仏教寺院も、同じころ、同じ運命にあい、寺院破壊・仏教徒虐殺という一大悲劇をもって、インド仏教の伝統の終末が告げられる。

参考文献（順不同）

辻直四郎『インド文明の曙』岩波新書
中村元『インド思想史』岩波全書、『ゴータマ・ブッダ』春秋社、『ブッダのことば』岩波文庫
渡辺照宏『仏教第二版』岩波新書、『仏典（唯識二十論、唯識三十頌）』の翻訳、河出書房
平川彰『インド仏教史・上』春秋社
末綱恕一『華厳経の世界』春秋社
静谷正雄・勝呂信静「大乗仏教」（『アジア仏教史・インド編Ⅲ』）佼成出版社
服部正明『認識と超越〈唯識〉仏教の思想4』角川書店
山口益『般若思想史』法蔵館
高崎直道「如来蔵・仏性思想」（『講座仏教思想』第三巻）理想社
北川秀則「中期大乗仏教の論理学」（『講座仏教思想』第二巻）理想社
梶山雄一「後期インド仏教の論理学」（『講座仏教思想』第二巻）理想社
宮坂宥勝「インドの密教」（『講座仏教』第三巻）大蔵出版

ここには本文に直接関係した参考文献をあげたが、実際はこれに数倍する書物から多大の教示を受けた。

再刷へのあとがき

再刷に際して、幾つかの誤植を訂正したほか、ルビを少し増し、語句の一部を書きあらためました。いずれも小さなもので、文章の変更にはいたりませんでした。初刷から四年のあいだに、拙著の、『初期仏教の思想』東洋哲学研究所刊が公刊されて、とくに「無我」については新発見が多く、書き加えたいことがあり、またサンカーラを「つくられたもの」とする（本書四一、六一ページ）のは「行《ぎょう》」にしたいと思い、さらに、末尾の唯識思想について、マイトレーヤ（弥勒）やアサンガ（無著）、『中辺分別論』や『摂大乗論』から多く補足したいと希いながら、それら一切は、やがて本格的に改訂版をつくるときまで、保留いたします。

丹念に再読して、この刷が現在の学界の水準に達しているのを見届け、参考文献に右の拙著を加えて、ここにあとがきを付しました。

一九七九年六月二十日　　三枝充悳

ラ　行

マ　行

ヤ　行

ナ　行

ハ　行

タ　行

サ　行

カ　行

索　引

(ゴータマ・ブッダ，仏は，頻度大のため省略しました)

ア　行

本書の原本は、一九七五年六月、第三文明社より
レグルス文庫の一冊として刊行されました。

三枝充悳（さいぐさ　みつよし）

1923～2010。東京大学文学部哲学科卒業後，ミュンヘン大学に留学，Ph.D.を受ける。筑波大学教授，日本大学教授などを歴任。専攻は宗教哲学，仏教学，比較思想。文学博士。著書に『東洋思想と西洋思想』『龍樹・親鸞ノート』『阿含経を読む』『仏教入門』『バウッダ』『縁起の思想』『大乗とは何か』などのほか，「三枝充悳著作集（全8巻)」がある。

講談社学術文庫

定価はカバーに表示してあります。

インド仏教《ぶつきょう》思想史《しそうし》

三枝充悳《さいぐさみつよし》

2013年9月10日　第1刷発行
2023年3月28日　第4刷発行

発行者　鈴木章一
発行所　株式会社講談社
東京都文京区音羽2-12-21 〒112-8001
電話　編集（03）5395-3512
販売（03）5395-4415
業務（03）5395-3615

装　幀　蟹江征治
印　刷　株式会社ＫＰＳプロダクツ
製　本　株式会社国宝社
本文データ制作　講談社デジタル製作

ISBN978-4-06-292191-6

「講談社学術文庫」の刊行に当たって

これは、学術をポケットに入れることをモットーとして生まれた文庫である。学術は少年の心を養い、成年の心を満たす。その学術がポケットにはいる形で、万人のものになることは、生涯教育をうたう現代の理想である。

こうした考え方は、学術を巨大な城のように見る世間の常識に反するかもしれない。また、一部の人たちからは、学術の権威をおとすものと非難されるかもしれない。しかし、それはいずれも学術の新しい在り方を解しないものといわざるをえない。

学術は、まず魔術への挑戦から始まった。やがて、いわゆる常識をつぎつぎに改めていった。学術の権威は、幾百年、幾千年にわたる、苦しい戦いの成果である。こうしてきずきあげられた城が、一見して近づきがたいものにうつるのは、そのためである。しかし、学術の権威を、その形の上だけで判断してはならない。その生成のあとをかえりみれば、その根は常に人々の生活の中にあった。学術が大きな力たりうるのはそのためであって、生活をはなれた学術は、どこにもない。

開かれた社会といわれる現代にとって、これはまったく自明である。生活と学術との間に、もし距離があるとすれば、何をおいてもこれを埋めねばならない。もしこの距離が形の上の迷信からきているとすれば、その迷信をうち破らねばならぬ。

学術文庫は、内外の迷信を打破し、学術のために新しい天地をひらく意図をもって生まれた。文庫という小さい形と、学術という壮大な城とが、完全に両立するためには、なおいくらかの時を必要とするであろう。しかし、学術をポケットにした社会が、人間の生活にとってより豊かな社会であることは、たしかである。そうした社会の実現のために、文庫の世界に新しいジャンルを加えることができれば幸いである。

一九七六年六月

野間省一

宗教

密教経典 大日経・理趣経・大日経疏・理趣釈
宮坂宥勝訳注

大乗の教えをつきつめた先に現れる深秘の思想、宇宙の真理と人間存在の真実を追究する、その精髄とはなにか。詳細な語釈を添え現代語訳を施した密教の代表的経典をとおして、その教義と真髄を明らかにする。

2062

仏教誕生
宮元啓一著

古代インドの宗教的・思想的土壌にあって他派の思想との対立と融合を経るなかで、どんな革新性をもって仏教は生まれたのか？　そこで説かれたのは「慈悲」と「救済」だったのか？　釈尊の思想の本質にせまる。

2102

ユダヤ教の誕生
荒井章三著

放浪、奴隷、捕囚。民族的苦難の中で遊牧民の神は成長し宇宙を創造・支配する唯一神に変貌する。キリスト教やイスラーム、そしてイスラエル国家を生んだ「奇跡の宗教」誕生の謎に『聖書』の精緻な読解が挑む。

2152

ヨーガの哲学
立川武蔵著

世俗を捨て「精神の至福」を求める宗教実践は「根源的統一への帰一」へと人々を導く――。チャクラ、調気法、坐法、観想法等、仏教学の泰斗が自らの経験を踏まえてヨーガの核心をときあかす必読のヨーガ入門。

2185

インド仏教思想史
三枝充悳著

古代インドに仏教は誕生し、初期仏教から部派仏教、そして大乗仏教へと展開する。アビダルマ、中観、唯識、仏教論理学、密教と花開いた仏教史に沿って、基本思想とその変遷、重要概念を碩学が精緻に読み解く。

2191

往生要集を読む
中村　元著

日本人にとって地獄や極楽とは何か。元来、インド仏教にはなかったこの概念が日本に根づくのには『往生要集』の影響があった。膨大なインド仏教原典と源信の思想を比較検証し、日本浄土教の根源と特質に迫る。

2197

宗教

密教とマンダラ
頼富本宏著
真言・天台という日本の密教を世界の仏教史のなかに位置づけ、その歴史や教義の概要を紹介。胎蔵界・金剛界の両界マンダラを中心に、その種類や構造、思想、登場するほとけたちとその役割について平易に解説。
2229

グノーシスの神話
大貫　隆訳・著
「悪は何処からきたのか」という難問をキリスト教会に突き付け、あらゆる領域に「裏の文化」として影響を及ぼした史上最大の異端思想のエッセンス。ナグ・ハマディ文書、マンダ教、マニ教の主要な断章を解読。
2233

道元「永平広録　真賛・自賛・偈頌《げじゅ》」
大谷哲夫全訳注
禅者は詩作者でもあった。道元の主著として『正法眼蔵』と並ぶ『永平広録』の掉尾を飾る最終巻。道元が漢詩に詠んださとりの深奥を簡明に解説し、禅の思想と世界を追体験する。『永平広録』訳注シリーズ完結。
2241

チベット旅行記（上）（下）
河口慧海著／高山龍三校訂
仏典を求めて、厳重な鎖国下のチベットに、困難を乗り越えて、単身入国・帰国を果たした河口慧海。最高の旅行記にして、生活・風俗・習慣の記録として、チベット研究の第一級の資料。五巻本を二巻本に再編成。
2278・2279

日本仏教　思想のあゆみ
竹村牧男著
聖徳太子、南都六宗、最澄・空海、そして鎌倉新仏教。インド以来の仏教史の到達点である日本仏教の高度な思想はいかに生まれたか。各宗派祖師の思想の概略を平易に解説し、日本人のものの見方の特質を描き出す。
2285

スッタニパータ［釈尊のことば］全現代語訳
荒牧典俊・本庄良文・榎本文雄訳
かくしてひとり離れて修行し歩くがよい、あたかも一角の犀そっくりになって――。現代語で読む最古層の原始仏典。師の教えに導かれた弟子たちが簡素な生活の中で修行に励み、解脱への道を歩む姿がよみがえる。
2289